아름다움과 악

2권

아우구스티누스의 미학과 신정론

손호현

한들출판사

아름다움과 악 제2권 아우구스티누스의 미학과 신정론

지은이	손호현
펴낸이	정덕주
펴낸곳	한들출판사
	서울시 종로구 연지동 136-46 기독교회관 710호
	등록 제2-1470호 1992
발행일	2009년 7월 10일 초판 1쇄 발행
E-Mail	handl2006@hanmail.net
홈페이지	www.ehandl.com
전화	편집부 741-4068~69
	영업부 741-4070 FAX 741-4066

ISBN 978-89-8349-481-8 94230
ISBN 978-89-8349-479-5 94230 (세트)

* 잘못된 책은 바꾸어 드립니다.

머리말

아름다움은 악을 극복하는가? 얼마 전 이창동 감독의 영화 「밀양」은 신의 섭리와 인간의 고통 사이의 화해될 수 없는 상처를 집요하게 다루었다. 원래 이청준의 소설 《벌레 이야기》를 원작으로 만든 것이다. 소설에서 알암이라는 소년은 자신이 다니던 학원 원장에게 경제적 이유에서 살해당하게 된다. 공황상태에 빠졌던 엄마는 새롭게 가지게 된 기독교 신앙의 힘으로 다행히 정상적인 모습으로 되돌아온다. 아들을 죽인 살인범을 어렵게 용서하리라 마음먹고 사형을 앞둔 그를 교도소로 찾아갔을 때, 엄마는 그가 이미 기독교인이 되어 자신의 죄를 하나님으로부터 용서받았다고 말하는 것을 듣는다. 그녀는 절망한다. 자신이 아직 용서하지 않았는데 하나님이 이미 살인자를 용서했다는 것이다. "나는 새삼스레 그를 용서할 수도 없었고, 그럴 필요도 없었어요. 하지만 나보다 누가 먼저 용서합니까. 내가 그를 아직 용서하지 않았는데 어느 누가 나 먼저 그를 용서하느냔 말이에요. 그의 죄가 나밖에 누구에게서 먼저 용서될 수 있어요? 그럴 권리는 주님에게도 있을 수 없어요. 그런데 주님께선 내게서 그걸 빼앗아가 버리신 거예요. 나는 주님에게 그를 용서할 기회

마저 빼앗기고 만 거란 말이에요. 내가 어떻게 다시 그를 용서합니까. … 아내의 심장은 주님의 섭리와 자기 '인간' 사이에서 두 갈래로 무참히 찢겨 나가고 있었다." 소설에서의 결말은 영화와는 달리 알암이 엄마가 자살하는 것으로 끝난다. 도스토예프스키는 아름다움이 하나님과 악마가 인간의 마음을 두고 싸우는 전쟁터라고 《카라마조프의 형제들》에서 말한다. 그러나 신문과 방송을 통해 보는 우리의 지극히 산문적인 일상에서는 악마적 아름다움만이 그 어둡고 장엄한 위엄을 자랑하고 있는 듯하다. 하나님은 이제 부재하는 아름다움인가? 아름다움은 악을 극복하는가?

《아름다움과 악》제1권은 신학과 미학 사이의 대화로서 '신학적 미학'(神學的 美學)이 가능한가라는 물음을 묻고 있다. 1장은 폰 발타자와 리차드 빌라데서의 신학적 미학과 폴 틸리히와 유동식의 예술신학을 분석한 후에 그러한 대화가 철학적 차원의 기초신학적 미학, 교리적 차원의 조직신학적 미학, 행동적 차원의 실천신학적 미학이라는 세 가지 차원에서 가능하다고 제안한다. 2장은 이러한 신학적 미학의 일반적 가능성을 아름다움이 악을 극복한다고 보는 '미학적 신정론'(美學的 神正論)은 가능한가라는 물음을 통해 보다 구체화시키고 있다. 그런 의미에서 나머지 세 권의 책이 제공하는 아우구스티누스, 화이트헤드, 그리고 헤겔의 신학적 미학과 미학적 신정론 분석을 이해하는데 1장과 2장은 중요한 방법론적 토대를 제공한다. 3장은 중세의 서방 교회에서 성당 벽에 그려진 성화가 글을 모르는 가난한 자의 성서라고 옹호한 그레고리우스 1세의 기독교 예술교육론을 실천신학적 미학의 예로 분석한다. 4장은 보이지 않는 하나님의 로고스가 성육신을 통해 눈에 보이는 하나님의 이콘이 되셨다는 중세 동방 교회의 이콘의 신학을 일종의 조직신학적 미학으로서 제시한다. 5장은 몰트만의 놀이의 신학을 기초신학적 미학과 조직신학적 미학을 동시에 결합한 다중차원적 접근의 예로서 연구한다. 6장은 한국적 문화신학의 방법론으로 예술신학을 제시한 유동식의 사상을 조직신학적 미학의 예로서 살펴볼 것이다.

제2권은 기독교 신학의 아버지라고도 할 수 있는 아우구스티누스(Aurelius Augustinus)의 미학과 신학, 미학과 신정론을 분석한다. 악에 대한 그의 신학적 순례의 길을 시대 순으로 저작들을 통해 더듬어보면서, 자유의지(自由意志 free will)의 도덕적 신정론이 그의 대표적인 입장이라는 통상적인 해석을 비판적으로 반대하면서 그것조차도 포괄하는 보다 근본적인 조화(調和, harmony)의 미학적 신정론이 존재하였다고 제안할 것이다. 여기서 악을 극복하는 아름다움의 논리는 추함과 아름다움이 함께 조화를 이루고, 그렇기에 섭리의 전체적인 아름다움을 위해서는 인간 자유의 상처라는 악조차도 필요하다는 대조적 조화의 논리이다. 하나님의 아름다운 "우주-만들기 신정론"(cosmos-making, cosmogenetic theodicy)이라고 필자가 부르는 아우구스티누스의 입장은 전체 우주의 풍경을 한층 돋보이게 하는 미학적 효과를 위해서 천사와 악마, 현재의 인간 육체와 부활한 인간 육체, 괴물민족과 정상민족, 아담의 첫 번째 자유와 부활 후의 두 번째 자유, 구원받은 자와 유기된 자, 천국과 지옥, 그리고 궁극적으로는 선과 악이라는 대조를 예술가 하나님이 사용하신다고 본다. 인간이 이러한 섭리의 조화를 세계에서 발견하지 못하는 이유는 그가 천사적인 존재로 선재하던 때의 범죄로 인해 추락해서 시간이라는 거대한 우주적 직물(織物) 여기저기에 조그만 헝겊조각처럼 꿰매어져 더 이상 전체의 아름다움을 볼 수 없게 되었기 때문이라는 것이다. 하지만 시간의 끝에 도래하는 영원한 안식일에는 하나님의 우주 만들기 과정에서는 지옥조차도 그 아름다움을 가진다는 것을 보게 될 것이라고 한다. 마지막으로 이러한 지옥의 아름다움에 대한 비평가들의 논의도 살펴보게 될 것이다.

제3권은 과정신학의 창시자인 화이트헤드(A. N. Whitehead)의 미학과 모험(冒險, adventure)의 미학적 신정론을 연구한다. 수학적 아름다움과 가을적 아름다움에 기초한 그의 이중적 미학이론을 먼저 살펴본 후에, 여기에 기초하여 그의 미학적 신정론이 지닌 세 가지 논리를 구체적으로 분석하게 된다. 첫째는 모험의 선택이다. 태초에 하나님은 우주를 아메바와 같이 저속한 형태의 사소한 조화에 그대로 남겨둘지, 혹은 위험한 모험을 통해 보다 높고 진화된 미학적 완성을 향해 아름다움의 유혹을 제공할지의 선택 상황에서 후자를 선택하셨다. 이 때문에 발생하게 될 악의 가능성에도 불구하고, 우주의 목적론적 구조는 아름다움의 생산을 지향하게 되었다는 것이다. 둘째는 보편적 자유의 창조성이다. 화이트헤드는 전통적으로 하나님에게만 돌려졌던 자기 원인자(causa sui)의 칭호를 인간만이 아니라 자연의 모든 존재에게도 적용함으로써 창조성의 형이상학적 민주화를 가져오게 된다. 이는 고전적인 자유의지 신정론을 존재론적으로 확장시킨 것으로 이해될 수 있다. 셋째, 시간의 산물로 실현된 자유로운 창조의 가치는 하나님의 기억 혹은 존재 속에서 객체적인 영원불멸성을 획득하게 된다. 가을적 아름다움이 다시 수학적 아름다움으로 전환되는 것이다. 이러한 과정을 통해 하나님의 존재는 미학적 확장의 진보를 한다. 아우구스티누스의 "우주-만들기 신정론"과는 정반대의 논리로서, 화이트헤드는 모든 현실적 존재들의 "하나님-만들기 신정론"(God-making, theogenetic theodicy)이라는 것을 제시하는 것이다. 악이 극복되는 이유는 우주가 아니라 하나님이 아름답게 만들어지기 때문이라는 것이다.

제4권은 하이데거가 서구 형이상학의 완성자라고 부른 헤겔(G. W. F. Hegel)의 미학과 테오드라마(theo-drama)의 미학적 신정론을 연구한다. 필자는 헤겔의 신정론이 아우구스티누스의 "우주-만들기 신정론"과 화이트헤드의 "하나님-만들기 신정론"을 하나의 영(靈)의 테오드라마라고 하는 "존재신학-만들기 신정론"(ontotheological making, onto-theogenetic theodicy)을 통해 구조적으로 중재하는 가능성을 조심스럽게 살펴보고자 한다. 아름다운 우주 만들기와 아름다운 하나님 만들기는 둘이 아니라 하나의 존재신학적 만들기 과정의 두 얼굴일 수 있는 것이다. 이러한 중재의 필요성은 기독교 신정론이 두 가지 필수불가결한 요소를 요구한다고 보기 때문이다. 첫째는 철저한 유일신론의 원칙이다. 악은 모든 존재하는 것들의 최종적 기원으로서 하나님의 형이상학적 궁극성을 훼손시키지 않는 방식으로 설명되어져야 한다. 둘째는 휴머니즘의 원칙이다. 인간의 행동이 단지 하나님의 섭리의 플롯을 그림자처럼 기계적으로 반복하는 것이 아니라, 우주의 과정에 그것이 방향성을 잃게 만들지 않는 한도 내에서 무언가 중요한 공헌을 할 수 있다는 사실을 통해 인간 존재의 품위와 가치가 옹호되어야 하는 것이다. 이처럼 섭리와 창조성, 드라마의 정해진 플롯과 배우의 자유로운 행동, 조화의 아름다움과 모험의 아름다움이 영의 역동적이면서도 구조화된 즉흥성에 기초한 테오드라마의 아름다움이 지닌 필수불가결한 두 측면으로 해석될 수 있는지를 보고자 한다. 헤겔의 존재신학(onto-theo-logy)이란 존재(on), 신(theos), 학(logos)이 공동으로 연출해 나가는 포괄적 삼위일체 혹은 세계적 삼위일체를 가리키며, 이러한 존재-신-학의 사회적 무한성의 전체를 그는 하나님이라고 부르는 것이다. 물론 헤겔의 신정론이 실제적으로 이들을 성공적으로 중재할 수 있는지의 여부는 여전히 질문으로 남게 될 것이다.

《아름다움과 악》에서 우리는 악을 극복하는 아름다움의 세 가지 "만들기" 방식을 생각해보고자 한다. 세계를 구원하는 아름다움이 이중에서 어떤 것인지 우리는 알지 못한다. 혹은 이중에는 없을 수도 있을 것이다. 신정론은 대답하기 위해서라기보다는 묻기 위해서 존재한다. 하지만 이제 분명한 것은 아름다움이 결핍된 신학은 결코 아무도 설득하지 못할 것이라는 사실이다. 아름다움의 깊이를 결핍하는 신학은 이미 기독교 신학의 중심적 영역을 벗어나 있다. 발타자가 말한 것처럼 "아름다움과 그리스도 사이의 사건의 유비"(analogia eventus pulchri et Christi)가 있었기에, 신학은 "아름다움의 유비"(analogia pulchri)라는 좁은 다리를 건너야 하는 것이다(《주님의 영광》 vol. 1, 61-65).

이 책들이 출판될 수 있도록 연구비를 보조해주신 한국학술진흥재단에 감사드린다. 그리고 전문적인 학술서적임에도 관심을 가지고 기꺼이 출판에 동의해 주신 한들출판사의 정덕주 목사님에게도 감사를 드린다.

마지막으로 사유의 길에 들어서도록 이끌어주신 선생님들, 나를 있게 해주신 부모님, 그리고 가족에서의 부재를 견디어준 처와 산유와 인우에게 감사드린다.

아름다움과 악

【1권】
신학적 미학 서설

1장 신학적 미학: 세 가지 차원들 ·· 15
    I. 신학적 미학의 의미 / 17
        1. 미학 / 18
        2. 발타자와 빌라데서의 신학적 미학 / 21
        3. 틸리히와 유동식의 예술신학 / 27
    II. 신학적 미학의 세 가지 차원들 / 33
        1. 기초신학적 미학 / 39
        2. 조직신학적 미학 / 57
        3. 실천신학적 미학 / 65

2장 아름다움은 악을 극복하는가: 미학과 신정론 ················· 71
    I. 신정론 담론의 공동체 / 75
    II. 신정론 변증의 목적 / 79
    III. 신정론 성공의 척도 / 85
    IV. 미학적 신정론 / 96

3장 그림은 가난한 자의 성서인가: 서방 교회의 예술교육론 ·········· 109
    I. 그레고리우스 I세와 "가난한 자의 성서" / 111
    II. 종교개혁과 칼빈의 반(反)예술교육론 / 122
    III. 신학적 예술교육론을 향하여 / 128

4장 이콘의 신학: 동방 교회의 성상파괴 논쟁 ········ 135
  I. 성서와 이콘 / 137
  II. 반이콘 신학들과 이콘의 신학들 / 139
  III. 동방 정교회 성상파괴논쟁의 역사적 전개 / 146
  IV. 이콘의 승리: 성상파괴논쟁의 신학적 분석 / 148
   1. 성서와 전통 / 148
   2. 기독론 / 151
   3. 성만찬 / 154
  V. 계시와 예술 / 155

5장 몰트만의 놀이의 신학 ········ 159
  I. 놀이의 현실 전복성: 노동의 인간에서 놀이의 인간으로 / 163
  II. 놀이의 창조론: 왜 하나님은 세계를 창조하셨는가? / 170
  III. 놀이의 기독론: 왜 하나님은 인간이 되셨는가? / 174
  IV. 놀이의 종말론: 역사의 궁극적 목적은 무엇인가? / 178
  V. 놀이의 신론: 하나님은 아름다우신가? / 180

6장 한 멋진 삶의 풍경화: 유동식의 예술신학 연구 ········ 187
  I. 한국 최초의 예술신학자 유동식 / 187
  II. 서양의 논리적·과학적 마음 바탕,
     동양의 예술적·미학적 마음 바탕 / 191
  III. 예술 기독론과 기독 예술론 / 195
  IV. 삼위일체 하나님과 한·멋·삶 / 201
  V. 최초의 예술가 하나님 / 204
  VI. 예수와 예술 / 206
  VII. 행위예술로서의 성례전 / 209
  VIII. 악에 대항하는 저항의 힘으로서의 예술 / 211
  IX. 나오는 말: 성령의 피리가 되어 / 214
참고문헌 / 216

《 2권 》

아우구스티누스의 미학과 신정론

I부　선악의 풍경 17

1. 마니교도 수사학자 아우구스티누스: 악으로부터의 순례 / 21
2. 《아름다움과 적합성에 관하여》(380): 고대 미학론이 끼친 영향들 / 22
3. 카시키아쿰의 피정과 행복한 책읽기: 플로티누스 / 29
4. 《아카데미우스 학파를 반박하며》(386-387):
    필로소피아와 필로칼리아 / 38
5. 《질서에 관하여》(386-387): 아름다움은 악을 필요로 한다 / 41
6. 개종 후 초기 저작들: 신앙의 미학 / 54
7. 《음악에 관하여》(387-391): 음악의 6단계 사다리 / 74
8. 《자유의지론》(388-396): 악의 저자는 하나님인가 인간인가 / 90
9. 《고백록》(397-401): 아름다운 지옥 / 110
10. 《신국론》(413-427): 그리스도의 아름다움과 칸티쿰 그라두움 / 119

II부　지옥의 아름다움 139

11. 아우구스티누스 미학의 해석자들:
    영적 아름다움과 성례전적 아름다움 / 141
12. 데이비드 그리핀: 아무도 자유로울 수 없는 우주 / 144
13. 폴 리꾀르와 존 힉: 도덕적 하나님과 미학적 하나님 / 149
14. 도스토예프스키와 아돌프 폰 하르낙:
    미학적 낙관주의를 거부하는 죄 없는 공포들 / 159
15. 한스 우어스 폰 발타자: 악의 도덕적 우연성과 미학적 필연성 / 163
16. 아서 러브조이: 풍부함의 미학 비판 / 166
17. 아름다울 수 없는 지옥 / 168
18. 사적 에필로그 / 175

약어표 / 14
참고문헌 / 179

〖3권〗
화이트헤드의 미학과 신정론

1장 서론: 아름다움의 전진 15

2장 화이트헤드의 미학: 수학적 아름다움과 가을적 아름다움   29
   I. 형이상학으로서의 미학: 철학, 과학, 미학 / 32
   II. 미학으로 본 선악의 풍경 / 52
      1.《과정과 실재》의 미학적 상황 / 53
      2.《관념의 모험》의 미학적 상황 / 59

3장 화이트헤드의 신정론 91
   I.《과학과 근대세계》에서의 신정론 / 92
   II.《형성과정에 있는 종교》에서의 신정론 / 97
   III.《과정과 실재》에서의 신정론 / 110
      1. 신정론 I 혹은 형이상학적 일원론의 거부 / 111
      2. 신정론 II 혹은 존재론적 자유의지 신정론 / 124
      3. 신정론 III 혹은 객체적 불멸성 / 128

4장 화이트헤드의 비평가들 147
   I. 심판대에 선 전능자: 신정론은 일원론의 문제인가 / 148
      아니면 힘의 문제인가
   II. 나는 과연 살아남는가: 개인의 개별적인 삶 속에서의 / 154
      악의 극복

Ⅲ. 주사위를 던지는 하나님: 우주 전체 속에서의 악의 극복 / 169
　　Ⅳ. 아름다움의 복음: 악에 대한 균형 잡기와 승리 / 177

5장 결론 ·· 181
　　Ⅰ. 일곱 가지 명제들을 통한 요약 / 181
　　Ⅱ. 사적 에필로그 / 191
참고문헌 / 201

《 4권 》
헤겔의 미학과 신정론

들어가는 말 / 15

1장 헤겔의 악 개념 분석 ··· 19
　　Ⅰ. 실제적 악이 아닌 자연적 악 / 19
　　Ⅱ. 허영 혹은 아이러니로서의 도덕적 악 / 25
　　Ⅲ. 자기중심성으로서의 사변적 악 / 30
　　Ⅳ. 악의 기원과 테오고니 / 42

2장 헤겔의 신정론 ·· 53
　　Ⅰ. 철학 혹은 학문으로서의 신정론 / 56
　　Ⅱ. 역사로서의 신정론 / 70
　　Ⅲ. 존재신학으로서의 신정론 / 82

3장 헤겔의 신학적 미학 ·· 105
　　Ⅰ. 철학의 미학적 토대 / 108
　　Ⅱ. 역사의 이콘으로서의 예술 / 123

Ⅲ. 테오드라마의 미학적 신정론 / 131

4장 헤겔의 비평가들 155

5장 아름다움과 악, 그 결론에 어정쩡하게 서서 171

참고문헌 / 204

약어표

아우구스티누스의 저작들은 다음과 같은 약어로 표시된다. 영어 번역본의 존재 유무는 Allan D. Fitzgerald (ed.), *Augustine through the Ages: An Encyclopedia* (Grand Rapids, Michigan: Eerdmans Publishing Co., 1999), xxxv-xlii 그리고 이 책 뒤의 참고문헌 목록에서 확인할 수 있다. 저작의 라틴어본은 *Sancti Aurelii Augustini hipponensis episcopi Opera omnia* (Parisiis: Apud Gaume Fratres, 1836-1838)를 사용하였다.

b. vita	*De beata vita* (*On the Happy Life*)
c. Acad.	*Contra Academicos* (*Against the Academicians*)
c. Faust.	*Contra Faustum Manicheum* (*Reply to Faustus the Manichaean*)
civ. Dei	*De civitate Dei* (*City of God*)
conf.	*Confessiones* (*Confessions*)
div. qu.	*De diversis quaestionibus octoginta tribus* (*Eighty-Three Different Ques-tions*)
ench.	*Enchiridion ad Laurentium de fide spe et caritate* (*The Enchiridion*)
en. Ps.	*Enarrationes in Psalmos* (*Expositions on the Book of Psalms*)
ep.	*Epistulae* (*Letters of St. Augustine*)
ep. Jo.	*In epistulam Joannis ad Parthos tractatus* (*Tractates on the First Letter of John*)
Gn. litt	*De Genesi ad litteram* (*On the Literal Interpretation of Genesis*)
Gn. adv. Man.	*De Genesi adversus Manicheos* (*On Genesis against the Manichees*)
imm. an.	*De immortalitate animae* (*The Immortality of the Soul*)
Jo. ev. tr.	*In Johannis evangelium tractatus* (*Tractates on the Gospel of*

	John)
lib. arb.	*De libero arbitrio* (*On Free Will*)
mag.	*De magistro* (*The Teacher*)
mor.	*De moribus ecclesiae catholicae et de moribus Manichaeorum* (*On the Morals of the Catholic Church and On the Morals of the Manichaeans*)
mus.	*De musica* (*On Music*)
nat. b.	*De natura boni* (*Concerning the Nature of the Good*)
ord.	*De ordine* (*On Order*)
quant.	*De quantitate animae* (*The Magnitude of the Soul*)
retr.	*Retractationes* (*The Retractations*)
Simpl.	*Ad Simplicianum* (*To Simplicianus*)
serm.	*Sermones* (*Sermons*)
sol.	*Soliloquia* (*The Soliloquies*)
Trin.	*De Trinitate* (*The Trinity*)
vera rel.	*De vera religione* (*Of True Religion*)

I부: 선악의 풍경

아우렐리우스 아우구스티누스(Aurelius Augustinus, 354-430)는 인간 자유의 상처조차도 선악의 풍경 속으로 조화시키는 위대한 예술가 하나님의 우주-만들기(宇宙 製作, cosmos-making) 과정에서 악의 존재 이유와 섭리의 아름다움을 발견한 자이다. 고대 그리스-로마문화의 끝과 중세 기독교 문화의 시작을 알리는 4세기에서 5세기를 걸쳐 산 아우구스티누스의 삶과 신학은 중세 기독교의 역사뿐 아니라 서양문명사 전체에 결정적인 영향을 끼쳤다. 쿤스(R. Kuhns)는 "아우구스티누스는 아테네와 예루살렘과 로마를 하나로 웅대하게 종합한 위대한 해석가이다"라고 평가한다.[1] 또한 미거(R. Meagher)는 플라톤이나 아리스토텔레스와 함께 아우구스티누스를 서양의 3대 사상가로 꼽으며, 이석우는 "화이트헤드가 말한 것처럼 서구의 철학이 일면 플라톤 철학의 일련의 주석이라고 본다면 서구 신학은 아우구스티누스의 주석이라고 말해도 과언이 아닐 것이다"라고 주장한다.[2] 우리는 이 책에서 아우구스티누스의 미학(美學)과 신정론(神正論)만을 집중적으로 다루게 될 것이다. 타타르키비츠에 따르면 아우구스티누스는 고대의 철학과 미학의 개념적 사유구조를 이용하여 새롭게 부상하는 종교인 기독교에서 "미학적 신정론"(美學的 神正論, aesthetic theodicy)의 전통을 세움으로써

---

1) Richard Kuhns, "Augustine," ed. Michael Kelly, *Encyclopedia of Aesthetics*, vol. 1 (New York and Oxford: Oxford University Press, 1998), 159.
2) 이석우, 《아우구스티누스》 (서울: 민음사, 1995), 16, 17-18.

신학뿐 아니라 미학에 독특한 공헌을 하였다고 평가한다.[3] 아름다움이 악을 극복한다고 아우구스티누스는 보았다. 하지만 어떻게 그것이 가능한가?

아우구스티누스는 기원후 354년 북아프리카의 한 오래된 도시인 타가스테(Thagaste)에서 태어났다. 수사학을 공부하다 기독교인이 된 그는 히포의 주교로 활동하다 430년에 숨을 거두게 된다.[4] 터셀(Eugene TeSelle)은 아우구스티누스의 생애를 신학적으로 수련하는 젊은 수도사로서의 전기 3단계와 교회의 중요한 지도자로서의 후기 3단계로 각각 나눈다.[5]

(1) 카시키아쿰: 386-387
(2) 밀라노, 로마, 타가스테: 387-391
(3) 히포: 391-396
(4) 스승으로서의 탐구기: 397-410
(5) 스승으로서의 통합기: 411-418
(6) 스승으로서의 명상기: 419-430

대략적으로 볼 때 이 책의 1-5장이 (1) 카시키아쿰 시기에 속하고, 6-7장이 (2) 밀라노, 로마, 타가스테의 시기에, 8장이 (3) 히포의 시기에, 9장이 (4) 스승으로서의 탐구기에, 그리고 10장이 (5) 스승으로서의 통합기와 (6) 스승으로서의 명상기에 해당한다. 아우구스티누스는 고대의 오랜 고전철학의 전통과 새롭게 성장하는 기독교의 종교적 사상을 자신의 사유 안에서 생산적으로 결합시키는데 성공하게 된다. 특히 아우구스티누스는 악의 문제를 미학적 관점에서 접근한 최초의 기독교 신학자들 중 한 사람이다. 사실 기독

---

3) Wladyslaw Tatarkiewicz, *History of Aesthetics. Vol. II: Medieval Aesthetics,* trans. R. M. Montgomery and ed. C. Barret (The Hague, Paris: Mouton, 1970), 57. 타타르키비츠 / 손효주 옮김,《미학사 2: 중세미학》(서울: 미술문화, 2006), 114 참조.
4) 아우구스티누스의 생애에 대해서는 Peter Brown, *Augustine of Hippo* (Berkeley and Los Angeles: University of California Press, 1967)를 참조하라. 피터 브라운/ 차종순 옮김,《어거스틴: 생애와 사상》(서울: 대한예수교장로회총회출판국, 1992)으로 번역되었다.
5) Eugene TeSelle, *Augustine the Theologian* (New York: Herder and Herder, 1970), 5-6.

교 사상사에 있어서 가장 대표적인 형태의 미학적 신정론을 제시한 신학자가 바로 아우구스티누스라고 평가해도 무리가 없을 것 같다. 우리는 그의 미학과 신정론이 시기적으로 어떻게 발전해 왔는지 그의 저작들을 연대기적으로 연구하고자 한다. 물론 거대한 산맥이 한 장의 스냅 사진에 다 담길 수 없는 것처럼, 아우구스티누스의 방대한 사유도 그 어떤 조악한 체계화의 시도를 거부한다. 아우구스티누스가 살았던 시대는 끊임없이 변화했을 뿐만 아니라, 인간 아우구스티누스 자신도 끝없이 새로운 사유의 경지를 개척하였다. 따라서 우리는 제한적으로 아우구스티누스가 아름다움이라는 미학적 가치를 어떻게 악이라는 신학적 문제에 적용하는지에만 초점을 맞추어 몇몇 대표적 저작들을 고찰하고자 할 뿐이다. 또한 우리는 그가 하나의 체계적인 미학론을 저술한 것이 아니라 수없이 많은 저작들에서 다양한 청중들을 향해 다양한 목적을 가지고 하나님, 아름다움, 악 등에 대해 이야기했다는 사실을 기억해야 한다. 인간 아우구스티누스를 아우구스티누스주의라는 어떤 단일한 하나의 틀로 요약하고 고정시키는 대신에 그의 여러 저작들에 드러나는 상황의 차이, 섬세한 뉘앙스의 변화, 확신의 강도 등에도 주의를 기울이고자 한다.

하지만 그럼에도 불구하고 아우구스티누스의 미학과 신학의 흐름 속에서 러브조이가 "개체 사상"(個體 思想, unity-ideas)이라고 부른 일정하게 반복되는 주제와 논리의 리듬을 발견할 수 있는 것 또한 사실이다.[6] 예컨대 아우구스티누스의 저작들과 그가 살았던 시대의 고전적 전통에 자주 공통적으로 발견되는 조화로서의 미 개념이 그러한 것이다. 아우구스티누스가 반복적으로 사용하는 이러한 미학적 개체 사상, 즉 대조적 조화(對照的 調和, contrastive harmony)로서의 총체성이 곧 아름다움이라는 미학적 신념

---

6) 러브조이는 어떤 시대에 있어 철학, 종교, 미학, 윤리 등 비록 학문 분과들은 다르지만 이들 모두에 공통적으로 내재하며 영향력을 발휘하는 "개체 사상"(unity-idea) 혹은 "구성 요소"(component elements)가 존재한다고 주장한다. 해석학의 과제는 바로 이러한 한 시대의 혹은 여러 시대들의 공통적인 개체 사상을 밝혀내는 것이라고 한다. Arthur O. Lovejoy, *The Great Chain of Being: A Study of the History of an Idea* (Cambridge, MA: Harvard University Press, 1936), 7-14.

이 '하나님과 악이 공존할 수 있는가?'라는 기독교 신정론의 물음에서 어떻게 사용되는지를 우리는 분석하고자 한다. 러브조이는 플라톤, 아리스토텔레스, 플로티누스, 아우구스티누스, 아퀴나스, 윌리엄 킹, 라이프니츠, 알렉산더 포프 등으로 이어져 내려오는 악에 대한 신정론이 "'거대한 존재의 사슬'로서의 우주"라는 미학적 개체 사상에 기반하고 있다고 분석한다.[7] 나아가 우리는 이러한 아우구스티누스의 조화의 미학적 신정론이 그의 유명한 이른바 자유의지 신정론과는 어떤 관계를 가지는지도 보고자 한다. 끝부분에 가서는 아우구스티누스의 미학적 신정론에 대한 몇몇 해석과 비판적인 고찰들이 제공될 것이다. 마지막으로 악의 도구적 가치에 지나치게 천착한 나머지 미학적 낙관주의라고 비판받는 아우구스티누스의 미학적 신정론이 보다 설득력을 가지기 위해서는 그러한 악의 도구화가 우주 전체에만 관련되는 것이 아니라 인간 개개인들의 개별적 삶에도 관계되어야 한다는 제안으로 필자는 이 글을 마친다.

---

7) Lovejoy, *Great Chain of Being*, 59.

1. 마니교도 수사학자 아우구스티누스: 악으로부터의 순례

아우구스티누스는 밀라노에서 수사학을 가르치는 선생이었으며, 기독교로 개종하기 전까지 거의 9년이나 마니교 신자였다. 왜 그는 당시 그리 평판이 좋지도 않았던 마니교에 관심하였던 것일까? 처음으로 진지하게 사유의 길로 들어선 청년 아우구스티누스에게 가장 절박했던 질문은 "왜 우리는 악을 행하는가?"라는 물음이었고, 마니교는 거기에 대해 매우 분명한 대답을 제공하는 듯 보였기 때문이다(*lib. arb*. 1.2.4). 마니교는 철저한 이원론자들의 종교였다. 신은 전적으로 선하기 때문에 악에 대한 그 어떤 책임도 가질 수 없는 존재라고 보았다. 악은 다른 곳에서 그 기원을 가져야 하는 것이다. 따라서 그들은 신이 다스리는 "빛의 왕국"과 더불어 그것과 거의 동일한 힘을 가진 "어둠의 왕국"이 또한 영원히 존재한다고 믿었다. 예를 들어 중국의 한 마니교 교리문답집은 이렇게 가르쳤다. "사람이 해야 할 첫 번째 일은 (선과 악의) 두 원리를 구분하는 것이다. 우리 종교에 들어온 사람은 이 두 원리가 절대적으로 다른 본질을 가지고 있다는 것을 알아야 한다."[8] 이보다 더 명쾌하고 손쉬운 대답이 어디 있을까? 빛은 선의 원천이고 어둠은 악의 원천이다. 아우구스티누스는 이러한 마니교의 대답이 기독교의 대답보다 더 우월하고 합리적이라고 생각했다. 그는 심지어 몇몇 기독교인을 마니교로 개종시키는데 성공하기까지 하였던 것 같다. 악은 어디서 오는가? 사람으로부터 온다고 기독교인은 대답할 것이다. 그렇다면 사람은 어디에서 오는가? 결국 하나님에게서 온다고 대답할 것이고, 그렇다면 하나님은 악의 저자가 되어버리는 것이다. 이는 신성모독일 뿐이라고 마니교도 아우구스티누스는 생각했다. 혹은 타락한 천사에게서 온다는 대답도 별로 차이가 없다. 결국 기독교인은 하나님을 최종적 원인으로 지목할 것이기 때문이

---

8) Brown, *Augustine of Hippo*, 47-48.

다. 하르낙의 설명에 따르면 "아우구스티누스는 하나님이 죄의 기원자라고 기독교가 주장한다는 생각을 멈출 수 없었기 때문에 마니교도가 되었다."[9] 이에 비해 마니교가 주장하는 선악의 두 원리는 하나님을 비난하지 않고도 악을 설명할 수 있다고 젊은 아우구스티누스는 보았던 것이다. 하지만 마니교의 이원론을 받아들인 대가는 너무도 컸다. 선한 하나님은 수동적으로 악의 침범을 받을 수밖에 없는 다소 무력한 존재로 격하될 뿐 아니라, 모든 존재하는 것들의 유일한 형이상학적 기원으로 인정될 수도 없게 되었다. 아우구스티누스는 악을 설명하려다가 하나님을 둘로 쪼갤 위기에 처하게 된 것이다.

2.《아름다움과 적합성에 관하여》(380): 고대 미학론이 끼친 영향들

우리의 마음을 움직이는 것은 무엇일까? 우리를 행동하게 하는 것은 무엇일까? 우리를 감동시키고 사랑하게 만드는 것은 무엇일까? 바로 아름다움이다! 우리는 세상의 아름다움에 의해 움직여져서 마침내 하나님의 아름다움에로 나아가는 것이다. 아우구스티누스의 미학에 대한 관심은 380년에 쓰여진 것으로 추정되는 최초의 저작《아름다움과 적합성에 관하여》(*De Pulchro et Apto*)에서 이미 발견된다. 지금은 아쉽게도 전해지지 않는 이 최초의 저작이 미학론이었다는 사실은 우리가 아우구스티누스의 사유를 이해하는데 있어 아름다움이 얼마나 큰 비중을 차지하는지 분명하게 보여주고 있다. 또한 아름다움 이외에 적합성이 함께 언급되는 이유는 그리스 미학의 전통에서 소크라테스가 이것을 새로운 미 개념으로 미학 논의에 도입하였기 때문이다. 예를 들어 방어에 좋은 방패처럼 어떤 사물이 그 사물 자체의 고유한 기능과 목적에 부응하는

---

9) Adolf von Harnack, *History of Dogma*, trans. James Millar (1899; reprint ed., New York: Russell & Russell, 1958), 5:110 각주 4.

"적합성"(αρμοττον)을 가질 때 아름답다는 것이다.[10] 다행히 아우구스티누스는 자신의 《고백록》(*Confessiones*)에서 현존하지 않는 이 최초 저작의 요약문을 제공하고 있다.

> 그 당시 난 이것을 몰랐었다. 난 저등한 아름다운 것들만 사랑하였고 심연으로 빠져들고 있었다. 그리고 이렇게 친구들에게 말하곤 했다: "우리가 아름다운 것이 아니라면 무엇을 사랑하는가? 그렇다면 아름다운 것이란 무엇인가? 그리고 아름다움이란 무엇인가? 우리가 사랑하는 것들에게로 우리를 이끌고 매혹시키는 것은 무엇인가? 사물들 속에 내재하는 품위와 우아함이 아니라면 그것들은 결코 우리를 움직이지 못할 것이다." 난 이 주제에 대해 성찰하였고, 몸에 관해서 말할 때 일종의 전체이기 때문에 아름다운 것과 어떤 다른 것에 잘 들어맞기 때문에 적절한 것을 구분해야 한다는 것을 보게 되었다. 몸의 일부분이 그것이 속한 전체에 적절하게 들어맞는 것, 신발이 발에 잘 들어맞는 것, 혹은 다른 유사한 예들이 그러하다. 이러한 생각이 내 마음의 가장 깊은 곳에서 샘처럼 솟아나왔고 두세 권으로 이루어진 《아름다움과 적합성에 관하여》를 썼다. [정확히 몇 권인지는] 하나님 당신만 아시며 난 더 이상 기억하지 못한다. 이 저작을 더 이상 난 갖고 있지 않으며 어떻게 잃어버렸는지도 모른다(conf. 4.13.20).[11]

Haec tunc non noveram, et amabam pulchra inferiora, et ibam in profundum, et dicebam amicis meis: Num amamus aliquid, nisi pulchrum? Quid est ergo pulchrum? et quid est pulchritudo? Quid est quod nos allicit et conciliat rebus quas amamus? Nisi enim esset in eis decus et species, nullo modo nos ad se moverent. Et animadvertebam et videbam in ipsis corporibus aliud esse quasi totum, et ideo pulchrum; aliud autem quod ideo deceret, quoniam apte accommodaretur

---

10) 미학대계간행회 편찬, 《미학의 역사》(서울: 서울대학교출판부, 2007), 15.
11) 아우구스티누스는 나중에 보다 개념적으로 정확하게 "아름다운 것"을 그 자체의 존재 때문에 칭송받고 평가되는 것이라고 보았으며, "적합한 것"은 그 자체의 존재 때문이 아니라 그것이 매여있는 다른 것에 의존하고 그 다른 것 때문에 칭송받고 평가되는 것이라고 정의내린다(ep. 138.5).

alicui, sicut pars corporis ad universum suum, aut calceamentum ad pedem, et similia. Et ista consideratio scaturivit in animo meo ex intimo corde meo; et scripsi libros de Pulchro et Apto; puto, duos aut tres. Tu scis, Deus: nam excidit mihi. Non enim habemus eos, sed arberraverunt a nobis, nescio quomodo.[12]

우리는 이 인용문에서 미가 단지 인간의 주관적 취미나 판단에 의해 결정되는 것이 아니라 객관적 사물의 한 속성이며 인간 영혼을 움직이게 하는 동력이라는 고대 그리스-로마 미학론의 영향을 발견하게 된다. 미가 주관적 판단이 아니라 객관적 실체를 가진다는 이러한 생각을 후에 그는《참된 종교에 관하여》(*De vera religione*)에서 보다 명확하게 공식화하고 있다. "사물들은 우리를 즐겁게 하기 때문에 아름다운가, 아니면 사물들이 아름답기 때문에 우리를 즐겁게 하는가?"(*vera rel*. 32.59.1) 여기서 아우구스티누스의 대답은 후자의 입장인 객관주의적 미학 전통을 따른다. 특히 아름다움은 부분들의 적절한 균형을 통한 전체의 조화라고 보는 스토아학파(Stoicism) 미학의 영향을 뚜렷이 발견할 수 있다.[13] 이것은 나중에 아우구스티누스의 섭리론 이해에 결정적인 영향을

---

12) 라틴어 원문은 *Sancti Aurelii Augustini hipponensis episcopi Opera omnia* (Parisiis: Apud Gaume Fratres, 1836-1838)를 따랐다.

13) 이석우는《아름다움과 적합성에 관하여》에 대해 언급하는《고백록》의 또 다른 부분 (*conf.* 4.15.24)에 기초하여 당시 아우구스티누스의 미학을 "악과 선을 실체로 보는 마니교의 이원적 선악관에 기초한 미론"이었을 것이라고 추측한다. 이석우,《아우구스티누스》, 64. 전해지는 바에 의하면 마니교의 창시자인 마니(Mani) 자신도 화가였으며, 다음과 같이 말하였다. "난 나의 가르침들을 책으로도 적었으며, 색깔로도 그림그렸다. 말로 그것들을 들은 자에게는 그림으로도 보게 하고, 말로 그것들을 배울 수 없는 자에게는 그림으로 배우게 하라." Margaret R. Miles, *Reading for Life: Beauty, Pluralism, and Responsibility* (New York: Continuum, 1997), 84에 재인용되고 있다.
반면, 채드윅은 동일한《고백록》의 부분(*conf.* 4.15.24)에 대한 분석에서 "아우구스티누스의 이 책의 미학 이론은 좌우대칭적 균형(symmetry)을 미의 구성요소로 보는 스토아학파의 이론들을 따르고 있으며, 이러한 생각들은 플로티누스의 1.6.1에서 논의되고 있다"고 해석한다. Augustine, *Confessions,* trans. Henry Chadwick (Oxford: Ox-

끼친다. 아우구스티누스의 미학에 영향을 끼친 다양한 고전적 미학의 요소들을 여기서 간략하게 고찰하도록 하자.

아우구스티누스를 "서방교회 기독교 미학의 창시자"라고 부른 타타르키비츠는 아우구스티누스의 미학이 크게 스토아학파, 플로티누스, 그리고 성서의 미학 사상에 영향을 받았다고 분석한다.[14] 첫째로, 제논에 의해 창시된 스토아학파의 미학은 피타고라스, 헤라클레이토스, 플라톤, 아리스토텔레스, 키케로 등 다양한 이들의 미학 사상을 절충적으로 조화시켜 그리스와 로마 시대를 대표하는 가장 보편적인 미 개념을 제시하였다. 스토아 학파의 일원인 크뤼시푸스(Chrysippus, c. 280-207)는 인간의 몸에서 아름다움을 구성하는 것은 "심메트리아" 곧 "비례"(συμμετρία, symmetry)이며, 추함을 구성하는 것은 "아심메트리아" 곧 "비례의 결여"(ἀσυμμετρία, asymmetry)라고 주장하였다. 즉 플라톤이 완벽한 미를 부분들이 없는 어떤 단일한 것으로 보았다면, 스토아학파는 그것이 부분들의 질서 있는 조화로부터 탄생한다고 본 것이다. 또한 그러한 부분들의 비례미는 단지 육체적인 것뿐만 아니라 정신적 혹은 도덕적인 것에도 존재한다고 여겨졌다. 미학이 윤리학의 특성도 가진 것이다. 스토아학파의 미학에 대하여 스토바에우스(Stobaeus)가 기술한 것에 의하면, "육체의 미는 부분들의 상호관계 및 부분과 전체의 관계에서의 비례에 불과하다. 마찬가지로 영혼의 미는 정신의 부분과 전체 및 부분들 상호간의 관계의 비례에 불과하다." 또한 스토아학파는 세계 내에는 신적인 합리적 질서가 존재한다는 철학적 로고스 이론에 근거하여 존재하는 모든 것들은 아름답다는 미학적 "판칼리아"(pankalia) 사상 혹은 "범미

---

ford University Press, 1992), 67 각주 29. 터셀도 비록 미니교적 요소가 발견되지만 그 영향력이 주도적이었다고 추측하는 것은 오류라고 지적한다. 아우구스티누스의 최초의 미학적 저작의 주제뿐 아니라 사용하는 예들조차도 스토아학파에 대해 논의하고 있는 키케로의 글에서 따온 것이라고 그는 본다. TeSelle, *Augustine the Theologian*, 29-30 참조.

14) Tatarkiewicz, *History of Aesthetics II*, 47-51. 타타르키비츠,《미학사 2: 중세미학》, 95-102 참조.

론"(汎美論)을 처음으로 소개한다. 이러한 범미론 사상도 또한 후세의 기독교 미학에 중요한 영향을 끼치게 된다.[15]

하지만 아우구스티누스는 385년경에 플로티누스의 「아름다움에 관하여」라는 글을 읽고서 스토아학파의 이론과는 상충되는 독창적인 미학의 존재를 발견하게 된다.[16] 그는 지성의 초월적 아름다움을 보다 강조하는 플로티누스의 신플라톤주의적 미학이 초월적 하나님을 신앙하는 기독교에 더 가깝다고 생각하게 되었다. 아우구스티누스를 기독교로 개종하도록 만든 것도 다름아닌 플로티누스의 철학이었다는 해석자들의 말이 나올 정도로 플로티누스가 끼친 영향력은 절대적이기에 잠시 뒤에 따로 살펴보도록 하자. 다만 여기서는 아우구스티누스의 개종이 가지는 성격에 대해 간략하게 언급하고자 한다. 우리는 그의 개종을 다른 전형적인 경우들에서처럼 무신론자에서 기독교인으로의 개종 혹은 철학이나 미학에서 종교로의 개종이라고 단순화시킬 수 없다. 기독교로 개종하기 이전에도 아우구스티누스는 결코 비종교적이었다고 말할 수 없으며 어머니 모니카의 경건한 신앙심으로 인해 기독교에 대해 비교적 많은 관심을 가지고 있었다. 기독교인이 되기 전에 그는 오랜 기간동안 마니교도로서 하나님의 섭리와 악의 문제에 천착하고 있었으니 무신론자가 갑자기 유신론자가 된 것도 아니다. 또한 기독교로 개종한 직후에도 여전히 아우구스티누스는 플라톤주의적 철학의 경우에 있어서는 기독교의 진리를 위한 예비적 진리로서 종교적으로 유용하다고 인정하였으니 철학에서 기독교로의 개종이라고 말할 수도 없다. 오히려 아우구스티누스의 개종은 영원한 진리되시는 동일한 하나님의 아름다움에 대한 방향 잃은 사랑의 맹목적 추구에서 마침내 그 옳은 방향의 발견으로 이해되어야 한다. 이런 의미에서 발타자는 그것을 "보다 낮은 미학에서 보다 높은 미

---

15) Wladyslaw Tatarkiewicz, *History of Aesthetics*, vol. I: Ancient Aesthetics, ed. J. Harrell (The Hague, Paris: Mouton, 1970), 185-200. 타타르키비츠 / 손효주 옮김, 《미학사 1: 고대미학》(서울: 미술문화, 2005), 331-355.

16) Peter Brown, *Augustine of Hippo*, 95-100.

학에로의 개종"이라고 부른다.[17] 그것은 수사학적이고 마니교적인 미학에서 참된 지혜와 진리의 아름다움이 되시는 하나님을 주목하는 신플라톤주의적 기독교 미학에로의 개종인 것이다.

마지막으로 아우구스티누스의 미학을 이해하는데 있어서 그의 《성서》에 대한 사랑을 빼어놓을 수 없을 것이다. 기독교의 모든 신학적 미학의 출발점이 되는 「창세기」는 하나님의 예술적 창조행위의 결과로서의 우주를 "아름답다"(καλός)고 표현하고 있다(70인역). 인간 예술가의 존재에 앞서서 하나님이 미를 창조한 최초의 예술가인 것이다. 나중에 아우구스티누스는 하나님의 예술과 인간의 예술, 자연과 예술작품 사이의 동일성과 차이성을 이렇게 표현하고 있다.

> 전능하신 하나님의 최고의 예술을 통해 만물이 무로부터(ex nihilo) 창조되었으며, 그러한 예술은 하나님의 지혜라고 불리운다. 또한 하나님의 지혜는 예술가들로 하여금 아름답고 조화로운 사물들을 만들도록 일하신다.…하지만 그러한 예술가들은 무로부터 어떤 것을 만들지는 못하며 이미 존재하는 것들을 가지고 일할 수 있을 뿐이다. 그럼에도 불구하고 예술가들이 몸을 움직이며 도구를 사용해서 사물 안에 새겨넣은 선의 비례와 조화는 그들이 자신의 영혼 속에 지고의 지혜로부터 받은 것이다. 하나님의 지혜는 무로부터 만들어진 물리적 우주 전체 위에 훨씬 더 예술적인 방식으로 숫자 자체와 조화 자체를 새겨 넣었다(div. qu. 78).
> Ars illa summa omnipotentis Dei, per quam ex nihilo facta sunt omnia, quae etiam sapientia ejus dicitur, ipsa operatur etiam per artifices, ut pulchra atque congruentia faciant. …Sed ideo isti non possunt de nihilo aliquid fabricare, quia per corpus operantur; cum tamen eos numeros, et lineamentorum convenientiam, quae per corpus corpori imprimunt, in animo accipiant ab illa summa sapientia, quae ipsos numeros et ipsam convenientiam longe artificiosius universo mundi corpori

---

17) Hans Urs von Balthasar, *The Glory of the Lord: A Theological Aesthetics. Volume II: Studies in Theological Style: Clerical Styles,* trans. A. Louth, F. McDonagh, and B. McNeil (San Francisco: Ignatius Press, 1984), 95.

impressit, quod de nihilo fabricatum est.

신학이 예술과 뗄 수 없는 근원적 동일성의 관계를 가지면서도 차별성도 동시에 가지는 이유가 여기에 있다. 나중에《고백록》에서 아우구스티누스는 "예술가들의 영혼에 의해 구상되고 그들의 솜씨 있는 손에 의해 만들어진 모든 아름다운 예술작품들은 영혼보다 높은 아름다움에게서 기인하는 것이다"라고 밝히며 예술이 하나님의 조명 아래에 있다는 동일성을 강조한다(conf. 10.34.53; cf. conf. 11.5.7). 하지만 동시에 인간의 아름다운 예술품에 너무 집착해서 신성한 하나님의 진리의 예술을 보지 못하게 되면, 그것은 바로 "우상의 아름다움"(pulchritudo simulacrorum)에 빠지게 되는 것이다(div. qu. 78). 그래서 아우구스티누스는 하나님에 대한 사랑과 예술에 대한 사랑 사이의 끝없는 긴장관계 혹은 동질성 속의 차별성을 이렇게 표현하고 있다. "하나님을 사랑하라, 그리고 당신이 원하는 것을 만들라"(Dilige, et quod vis fac).[18] 하나님의 아름다운 창조세계에 대한 성서의 긍정은 스토아학파의 범미론, 피타고라스학파의 수학적 아름다움과도 조화롭게 연관될 수 있었다. 아우구스티누스는 「지혜서」 11:20의 "주님은 모든 것을 잘 재고, 헤아리고, 달아서 처리하셨다"는 구절에서 아름다움은 치수, 숫자, 질서(혹은 무게)로 구성된다는 미학적 존재론의 성서적 근거를 발견하게 된다. 이러한 철학적-성서적 범미론에 기초하여 아우구스티누스는 '모든 존재하는 것은 아름답다' 는 결론에 도달하게 된다. 하지만 아우구스티누스는 피조된 존재들이 지니는 수학적 질서의 아름다움과 창조주 하나님의 지성적 아름다움 사이에는 분명한 차이가 있다는 것을 그의 전기 사상부터 아주 명확하게 강조한다. "하늘이 땅보다 그 독특한 아름다움에 있어서 우월한 것처럼, 하나님의 지성적 아름다움은 수학의 어떤 진리들보다도 우월하게 아름답다"(sol. 2.5.11).

---

18) Ep. Jo. 7.8. Emmanuel Chapman, *Saint Augustine's Philosophy of Beauty* (New York and London: Sheed & Ward, 1939), 78과 112쪽 미주 36a에 재인용되고 있다.

아우구스티누스가 이러한 고대 미학론을 통해 배운 중요한 것들을 몇몇 요약해보면 다음과 같은 것이다. 첫째로, 미는 단지 인간의 주관적 취향의 문제가 아니라 객관적이며 존재론적인 실체를 독립적으로 가진다. 둘째로, 가장 본질적인 미는 감각적인 미가 아니라 지성적인 미이며 이러한 지성적 미의 본질은 수학적 관계를 통해 이해될 수 있다. 셋째로, 미는 균등성과 함께 대조성을 통해서도 구성된다. 물론 동일한 비례를 지닌 사물이 일반적으로 아름답게 보이지만 비동일성, 대조성, 그리고 단순성에도 또한 나름의 아름다움이 있다. 그리고 넷째로, 하나님은 모든 아름다운 사물들의 미의 기원이라는 성서적 범미론이다. 요컨대 아우구스티누스의 미학은 고대 그리스의 여러 학파들의 미학론과 성서를 함께 고려하며 다양하고 이질적인 요소들을 조화시키려고 노력했고, 혹은 조화가 되지 않는 요소들은 공존하게 두는 절충적인 성격을 띠고 있다. 이러한 그의 미학의 특징에 대해 타타르키비츠는 다음과 같이 결론내린다. "아우구스티누스는 고대에 널리 알려져 있던 미에 대한 모든 정의와 개념들을 잘 알고 있었으며 그것들 모두를 이러저러하게 사용했다. 그러나 그는 고대의 가장 주된 견해를 자신의 미학의 기본 견해로 삼았다. 그것은 다름 아닌 미가 부분들의 관계 혹은 조화라는 생각이다."[19]

3. 카시키아쿰의 피정과 행복한 책읽기: 플로티누스

정부의 고위 직책과 결혼까지 내버린 채 수도사가 된 이집트의 성자 안토니우스(*St. Antonius*)의 생애를 읽고 깊은 감명을 받은 아우구스티누스는 386년 9월에 밀라노를 떠나 카시키아쿰(Cassiciacum)에서 다음 해까지 머물며 명상을 위해 피정(避靜)하게 된다. 몇몇 친구들과 함께 거기에 머물면서 아우구스티누스는 자신의 수사학자로서의 화려한 미래

---

19) Tatarkiewicz, *History of Aesthetics II*, 51. 타타르키비츠, 《미학사 2: 중세미학》, 102. 번역이 약간 수정되었다.

에 대한 계획도, 사회적 지위와 경제적 안정을 제공하게 될 상류층과의 결혼도 포기한다. 복잡하던 공적 생활에서 탈출하여 오직 지혜에 대한 사랑에 자신의 삶을 바치고자 결심한 것이다. 혹자는 아우구스티누스와 그 친구들이 형성한 카시키아쿰의 수도적 모임을 "임시로 만들어 놓은 플라톤의 아카데미"에 비유하기도 한다.[20] 여기서 아우구스티누스는 늦게까지 깨어 명상하기도 하고, 자신을 둘러싼 자연의 아름다움에 빠지기도 하고, 아침 햇살 속에서 싸우는 닭들의 흥미로운 모양을 보기도 하고, 장미 내음 가득한 정원을 산책하기도 한다. 오로지 지혜의 사색을 위해 머문 여기서의 몇 달은 어쩌면 아직 주교가 되기 이전에 아우구스티누스의 가장 행복했던 시간이었을 것이다.

아우구스티누스가 카시키아쿰에 머물며 386년에서 387년 사이에 친구들과 나누었던 토론은 속기사에 의해 기록되었고 아우구스티누스의 최종적 교정 작업을 거쳐 책으로 정리되었다. 이렇게 집필된 저작들이 《아카데미우스 학파를 반박하며》(*Contra Academicos*),《행복한 삶에 관하여》(*De Beata Vita*),《질서에 관하여》(*De Ordine*), 그리고 《독백》(*Soliloquia*)이다.[21] 이 당시 그는 요한복음, 스토아학파, 플로티누스 등이 추구하던 보편적 지성 혹은 이성이 사실 모두 다른 방식으로 동일한 하나님의 지혜를 추구하는 것이라는 확신을 가지게 된 것이다. 아우구스티누스는 마침내 스스로를 지혜를 추구하는 기독교 철학자로 이해하게 된다. 비록 어머니 모니카의 영향으로 아우구스티누스는 어릴 적부터 기독교의 신앙에 친숙했으나, 유아세례가 갑작스러운 복통으로 연기되면서 이때까지는 공식적으로 기독교인이 아니었다. 하지만 이듬해 387년 3월에 밀라노로 돌아온 아우구스티누스는 암브로시우스(St. Ambrosius)에게 세례를 받고 기독교인이 된다.

아우구스티누스는 전문적인 체계화만을 철저히 추구하는 직업적 철

---

20) 이석우,《아우구스티누스》, 108.
21) Peter Brown, *Augustine of Hippo*, 74.

학자는 아니었다. 이것은 그에게 단점이면서도 장점으로 작용하였다. 서로 다른 학파의 철학자들이 도저히 양립될 수 없는 사상으로 간주하던 것들도 청년 아우구스티누스가 추구하던 진정한 철학으로서의 신플라톤주의적 기독교에서는 모두 하나님의 진리의 파편으로 수용되었던 것이다. 진리이신 하나님은 한 분이며 진리가 진리와 모순될 수 없다는 신념이다. 아우구스티누스는 전문 철학자들이 건널 수 없던 강들도 태연히 넘나들었던 것이다. 하나님의 포월적 아름다움을 경험한 자에게만 가능한 대범함일 것이다. 그는 기독교로 개종을 결심한 후 사색을 위해 카시키아쿰에서 잠시 머물며 여기서 많은 철학 서적들, 특히 플라톤주의에 관한 저작들을 읽었던 것 같다. 그 자신의 말에 따르면 이 기간동안 "난 플라톤주의의 책들을 통해서 내 자신에게로 되돌아가는 훈련을 받았다" (conf. 7.10.16; cf. conf. 7.9.13).[22] 터셀은 아우구스티누스가 여기서 몇 달 동안 읽었던 플라톤주의에 관한 책들의 가장 중요한 저자가, 혹은 어쩌면 유일하게 읽은 저자가, 플로티누스(Plotinus, 205-270)라고 추측한다. 그는 아우구스티누스가 읽었을 것으로 추정되는 플로티누스의 《에네아데스》(Enneades, '아홉 부분'이라는 그리스어) 책 목록에 대한 학자들의 연구 결과를 다음과 같이 요약하고 있다.[23]

(1) 아우구스티누스가 거의 확실히 읽은 《에네아데스》의 부분들:
I. 6. 「아름다움에 관하여」
III. 2-3. 「섭리에 관하여」
IV. 3-4. 「영혼에 관하여」
V. 1. 「신성한 세 위체들에 관하여」
V. 5. 「지성적인 것들은 지성 밖에 존재하지 않는다」
VI. 4-5. 「하나의 동일한 것이 어떻게 모든 곳에 존재할 수 있는가」

---

22) Augustine, *Confessions*, 123.
23) TeSelle, *Augustine the Theologian*, 44-45.

(2) 아우구스티누스가 아마 읽었을 것으로 추정되는《에네아데스》
의 부분들:
I. 2.「미덕에 관하여」
I. 4.「행복에 관하여」
I. 8.「악의 기원에 관하여」
III. 7.「영원과 시간에 관하여」
IV. 7.「영혼의 불멸성에 관하여」
IV. 8.「영혼의 육체에로의 하강에 관하여」
V. 3.「지식을 소유한 세 위체들에 관하여」
V. 8.「지성적 아름다움에 관하여」
VI. 6.「숫자에 관하여」
VI. 9.「선과 일자에 관하여」

아우구스티누스의 미학에는 이미 언급했듯 고대의 스토아학파와 신플라톤주의라는 서로 다른 두 미학 전통이 종합적으로 혼재되어 발견된다. 그리스 최초의 시인들 중 한 사람인 헤시오도스(Hesiodos)는 "한도(μέτρα, 메트라)를 지켜라: 모든 것에서 적당한 시기가 최선의 것이다"라는 싯구를 남겼다.[24] 초기부터 이러한 절제 있는 한도와 질서로서의 아름다움에 대한 그리스인들의 숭상은 이후 피타고라스, 플라톤, 아리스토텔레스, 스토아학파, 키케로, 루키아노 등의 철학자들의 글 속에서도 계속적으로 발견이 된다. 반면 플로티누스는 이러한 전통적인 한도와 "비례"(συμμετρία, 심메트리아)의 미학을 일정 정도 비판적으로 수용

---

24) 《미학의 역사》, 4. 피타고라스, 플라톤, 아리스토텔레스, 스토아학파, 키케로 등으로 이어지는 피타고라스주의적 조화(harmony)의 미학과, 여기에 대조되게 일자(the One)라는 형이상학적 단일성이 미의 핵심이라고 본 플로티누스의 신플라톤주의적 상승의 미학에 대한 소개로는 권혁성, "서양 고대미학의 주요 흐름들에 대한 소고"(《미학의 역사》, 3-52)를 참조하라. 여기서 스토아학파는 "그리스의 전통과 피타고라스주의에 의해 대변되는 질서와 조화로서의 아름다움에 대한 객관주의 미 개념의 계승자"로 평가되고 있다(40).

하면서도, 동시에 태양의 빛과 같이 단순하면서 부분을 갖지 않는 것들이 아름다울 수 있다는 단순성의 미학 혹은 빛의 미학도 주장한다. 이처럼 이질적인 두 미학이론의 혼재는 플로티누스 자신의 글에서도 쉽게 발견된다.

예를 들어 한편으로 플로티누스는 그의 섭리론에 대한 글인《에네아데스》3권 2-3에서 라이벌이었던 스토아학파에서 주장하는 "로고스"(λόγος) 개념을 차용하여 세계의 과정을 대조적 아름다움의 작용으로 설명한다. 그리고 플로티누스를 통해 소개된 스토아학파의 로고스 미학이 아우구스티누스로 하여금 마니교의 선악의 이원론을 탈출하여 하나님의 선한 섭리에서도 악이 존재할 수 있다는 것을 이해할 수 있게 된 계기로 작용하였던 것이다. 이런 의미에서 플로티누스의 섭리론이 아우구스티누스의《질서에 관하여》(De Ordine)의 신학적 미학에 끼친 영향력은 논란의 여지가 있을 수 없는 사실이다.

다른 한편으로 플로티누스는 스토아학파의 미학뿐 아니라, 새로운 자신의 독창적인 신플라톤주의적 미학을 함께 아우구스티누스에게 소개하는 역할을 하였다. 아름다움에는 단지 가시적인 물체들의 조화로운 균형만이 아니라 이보다 더 고차원의 지성적인 아름다움도 존재한다. 플로티누스에게 있어 아름다움은 사물 안에 자신을 표현하고 있는 지성(νούς, 누스) 자체이다. 그리고 이러한 지성적 아름다움은 그 본질에 있어 고독한 것, 단순한 것이다. 돌을 깎아 덜어냄으로써 그 속에 숨겨진 예술적 아름다움을 찾아내는 조각가처럼, 영혼의 조각가도 지성적 아름다움에 도달하기 위해 온갖 물질적인 불순물을 깎아 버리는 연습이 필요한 것이다(《에네아데스》 1.6.9). 타타르키비츠는 플로티누스의 미학에서 보다 독창적인 신플라톤주의적 요소들을 다음과 같이 요약한다. "첫째, 미는 심메트리아 즉 배열에만 있는 것이 아니라 부분들 그 자체에도 있다고 주장하는 점이다. 둘째, 미가 심메트리아에 있다 하더라도 심메트리아는 미의 연원이 아니라 단지 미의 외적 표현에 지나지 않는다는 점이다. 질료는 그 자체로 아름답지 않고 질료 속에서 드러나며 유일하게 통일성

·이성·형식을 갖춘 정신만이 아름답다는 것이다."[25] 이와 관련하여 실제로 아우구스티누스가 읽었던 것이 거의 확실한 플로티누스의 글 중에서 아우구스티누스의 미학적 신정론과 관계되는 몇몇 부분만을 살펴보도록 하자. 플로티누스는 《에네아데스》 1.6.1에서 스토아학파의 복합적인 아름다움뿐 아니라 보다 단순한 아름다움이 존재함을 분명히 한다.

> 거의 대부분의 사람들이 부분들의 다른 부분들에 대한 혹은 부분들의 전체에 대한 대칭적 균형이 아름다운 색깔을 동반할 때 눈으로 볼 수 있는 아름다움을 구성한다고 생각한다. 다른 모든 것들에서와 마찬가지로, 가시적인 사물에서 아름다운 것이란 본질적으로 대칭적 형태를 가리킨다는 것이다. 하지만 이것이 무엇을 의미하는지 생각해보라. 오직 복합적인 것만이 아름다울 수 있고, 부분들을 가지지 않는 것은 결코 아름다울 수 없다는 말이 된다. 오직 전체만이 아름다울 수 있다. 몇몇 부분들이 아름다움을 가지는 것은 그 자체가 아름답기 때문이 아니라 빼어난 전체를 위해 협력하는 한에 있어서 아름답다.…모든 아름다운 색채와 햇빛은 부분들을 가지지 않고 대칭적 균형의 아름다움을 가지지 않기 때문에 아름다움의 영역에서 제외될 것이다. 그리고 어떻게 황금이 아름다운 것으로 이해될 수 있겠는가? 그리고 밤의 번개와 별들, 왜 이것들이 아름다운가?…아름다움은 대칭적 균형 이상의 어떤 것이고, 대칭적 균형 그 자체도 자신의 아름다움을 저 멀리 떨어져 있는 어떤 원리에 빚지고 있는 것으로 생각할 수 없을까?…요컨대 [스토아학파의] 이 이론에 따른다면 어떻게 지성적 원리 속의 아름다움(beauty in the Intellectual-Principle), 본질적으로 고독한 것(the solitary)이 있을 수 있는가? (《에네아데스》 1.6.1).[26]

물체들의 적절하게 균형 잡힌 관계에서 아름다움을 발견하던 스토아학파의 미학론에 이미 익숙하였고 또한 거기에 대해 자신의 최초의 저작

---

25) Tatarkiewicz, *History of Aesthetics I*, 320. 타타르키비츠, 《미학사 1: 고대미학》, 558.
26) Plotinus, *The Enneads*, trans. Stephen MacKenna (New York: Larson Publications, 1992), 64-65.

을 썼던 아우구스티누스에게 있어서, 플로티누스의 지성적 혹은 비물질적 아름다움이라는 사상은 일종의 영원에 대한 새로운 갈망을 일깨웠다. 변화하는 시간 속의 아름다움과는 다른, 변하지 않는 영원의 아름다움을 열망하게 된 것이다. 이러한 지성세계의 아름다움에 대한 갈망은 아우구스티누스로 하여금 자연스럽게 플로티누스의 인간론을 수용하게 만들었다. 인간이란 지성세계에서 '추락하여' 내려온 영혼이라는 것이다. 지성세계의 비물질적이고 내재적인 아름다움에서 멀어진 인간의 영혼은 외부의 물질적인 아름다움으로 그 빈 자리를 채우려 한다는 것이다. 나중에 아우구스티누스는 인간의 죄가 이처럼 아름다움에 대한 잘못된 방향의 사랑에서 기인한다는 생각을 이어간다. 죄란 하나님의 아름다움에 대해 내적으로 집중하던 영혼이 외적으로 흩어져서 사물들이나 다른 사람들에 대한 지나친 집착을 가지게 될 때 발생한다는 것이다.

이처럼 플로티누스의 미학적 포괄성은 그대로 아우구스티누스에게로 이어진다. 아우구스티누스는 아름다움은 다양한 부분들의 조화로운 관계를 필요로 한다는 전통적인 스토아학파의 비례의 미학을 수용하면서도, 지성적 아름다움은 빛이나 색깔처럼 단순하여 부분들로 나누어질 수 없다는 플로티누스의 신플라톤주의적 빛의 미학과 상승의 미학도 함께 수용한다. 이 문제에 있어서 스보보다의 해석에 동의하면서 오코넬은 다음과 같이 주장한다. "아우구스티누스의 미학 개념들은 광범위한 샘플링의 결과이다. 그것들은 고대세계의 거의 모든 철학적 경향들의 영향을 보여준다. 수 세기 동안 논쟁해 왔던 스토아학파, 신플라톤주의, 피타고라스학파, 소요학파가 카시키아쿰에서 다소 어색하게 휴전하고 있다."[27]

플로티누스는 미학뿐 아니라 신정론의 문제에 있어서도 아우구스티누스가 악에 대한 마니교의 이원론적 대답을 극복하는데 결정적인 영향을 주었다. 선의 결핍으로서의 악이라는 개념, 전체적 선을 위한 악의 도

---

27) Robert J. O'Connell, S. J., *Art and the Christian Intelligence in St. Augustine* (Cambridge, Mass.: Harvard University Press, 1978), 17.

구적 필연성, 그리고 악을 통제하시고 조화시키는 하나님의 역할에 대한 강조 등에서 우리는 플로티누스와 아우구스티누스 사이에 강력한 유사성을 발견할 수 있다.[28] 마니교도들은 어둠의 침입에 무력한 하나님의 수동성을 대답으로 제시했으나, 플로티누스는 반대로 하나님이 능동적으로 악을 미학적 목적을 위해 선용하신다고 주장한다. "악은 혼자 존재하지 않는다. 선의 본질 때문에 그리고 선의 능력 때문에 악은 단지 혼자 존재하지는 않는다. 마치 어떤 포로가 황금의 족쇄에 묶여 있듯이 악은 필연적으로 아름다움의 사슬(chains of Beauty)에 묶여 등장한다" (《에네아데스》 1.8.15). 악은 필연적으로 존재하게 되지만, 항상 도구적으로 선을 돋보이게 하기 위해서, 즉 "아름다움의 사슬"에 묶여 존재한다. 따라서 악은 통제되는 포로이면서, 동시에 하나님의 섭리세계를 보다 아름답게 만드는 도구이다. 물론 이러한 사상은 플로티누스가 스토아학파의 미학적 신정론의 사상을 빌려온 것이다. 세계는 부분이 비록 악하지만, 그 전체는 항상 아름답다. 플로티누스를 통해 배운 이러한 스토아학파의 합목적성 혹은 총체성의 미학적 신정론은 아우구스티누스의 생애 전체를 걸쳐 그가 악에 대한 미학적 극복이라는 대답을 제공하는 근본적 틀이 되었다. 아래의 플로티누스의 인용문은 마치 아우구스티누스 자신의 글을 읽고 있는듯한 착각을 들게 한다. 악에 대해 불평하는 자들에게 플로티누스는 섭리의 질서를 이렇게 설명한다.

> 우리는 마치 그림에 대해 무지하여 그림 전체에서 색깔들이 아름답지 않다고 불평하는 사람들과도 같다. 하지만 예술가는 모든 부분들에 있어 적절한 빛깔을 사용한 것이다. 그리고 또한 아무리 잘 통치되는 도시에서도 모든 시민들이 전부 동등하지는 않다는 사실을 주목하라. 혹은 우리는 등장인물이 전부 주인공이 아니라 하인, 시골뜨기, 그리고 상스럽게 말하는 광대도 포함된다고 불평하며 드라마를 검열하려고 하는 것과

---

28) 예를 들어 플로티누스의 《에네아데스》 3.2.5와 아우구스티누스의 《질서에 관하여》 2.7.23을 비교해 보라.

마찬가지다. 하지만 만약 이렇게 천박한 인물들을 없애버린다면, 드라마의 감동도 동시에 사라질 것이다. 그들 모두가 드라마의 부분이며 구성요소이다(《에네아데스》 3.2.11).[29]

결론적으로 플로티누스는 아우구스티누스의 신학적 미학에 두 가지 결정적인 공헌을 하였다. 첫째로, 그는 아우구스티누스로 하여금 마니교의 이원론에서 탈출하여 악의 문제에 대한 새로운 일원론적 돌파구를 찾게 만들었다. 선악의 이원론이 악에 대한 가장 손쉬운 해결책일 수는 있지만 그것이 반드시 궁극적인 혹은 기독교적인 해결책은 아니다. 왜냐하면 마니교의 이원론은 기독교의 유일신론이라는 신학의 문법을 근본에서 부정하고 있기 때문이다. 존재하는 모든 것들의 이유는 반드시 궁극적으로 하나님에게로 소급되어 설명되어야 하는 것이 기독교의 신학적 문법이다. 따라서 플로티누스를 통해 소개된 스토아학파의 총체성의 미학은 아우구스티누스로 하여금 하나님의 섭리를 부정하지 않으면서도 악의 존재 이유를 설명할 수 있는 단초를 제공하였다. 둘째로, 플로티누스는 스토아학파의 미학이 주지 못했던 또 하나를 아우구스티누스에게 선물하였다. 스토아학파의 아름다움에 대한 사상은 근본적으로 이 세상의 아름다운 사물에 집중한다. 몸이 좌우 대칭일 때 아름답고, 물건이 잘 배열되었을 때 아름답다. 이러한 심메트리아의 미학(aesthetics of symmetry)과는 달리, 플로티누스는 신플라톤주의적 빛의 미학 혹은 "상승의 미학"(aesthetics of flight)을 전달하였다.[30] 일자-지성-영혼-자연-질료라고 하는 거대한 존재의 위계질서에서 차안적 물질세계의 아름다움을 넘어서 피안적 지성세계의 아름다움으로 영혼이 상승하도록

---

29) 이러한 섭리의 총체성에 대한 플로티누스의 사상은 스토아학파의 섭리론을 넘어서 플라톤에게까지 소급될 수도 있을 것이다. 플라톤에 따르면, "일어나는 모든 사건들의 목적은 우리가 말한 바와 같이 전체의 삶의 행복을 얻는 데 있다. 그것이 당신을 위해 만들어진 것이 아니라, 당신이 그것을 위해 만들어졌다"(《법》 10.903).

30) Tatarkiewicz, *History of Aesthetics* I, 323. 타타르키비츠,《미학사 1: 고대미학》, 564 참조.

플로티누스는 권고하는 것이다. 이러한 상승의 미학은 나중에 아우구스티누스의 예술의 역할에 대한 관심으로 이어진다. 영혼이 일자의 지성세계에서 물질세계의 아름다움에 대한 저급한 관심으로 추락하였다면 이제 거꾸로 예술적, 수학적, 인문학적 훈련을 통해 영혼은 물질세계에서 지성세계와 일자에로 다시 상승해야 하는 것이다.

4. 《아카데미우스 학파를 반박하며》(386-387): 필로소피아와 필로칼리아

철학(哲學, philosophia)이 "지혜의 사랑"이라면 미학(美學, philocalia)은 "아름다움의 사랑"이다. 고대는 둘 다를 사랑하였지만 아름다움보다는 지혜를 더 사랑하였다. 이런 면에서 아우구스티누스도 분명 전형적인 고대인이었다. 그는 자신의 《아카데미우스학파를 반박하며》(Contra Academicos, 386-387)에서 철학과 미학을 이렇게 묘사하고 있다.

> 필로칼리아(philocalia)와 필로소피아(philosophia)는 거의 같은 이름이다. 그들은 마치 한 가족처럼 보이기를 원하며, 또한 사실 그러하다. 필로소피아가 무엇인가? 지혜의 사랑이다. 필로칼리아가 무엇인가? 아름다움의 사랑이다. 그리스인에게 물어보라! 그럼 지혜가 무엇인가? 지혜는 진정한 아름다움 그 자체가 아닌가? 따라서 지혜와 아름다움은 분명 동일한 아버지에게서 태어난 두 자매인 것이다. 비록 필로칼리아는 욕망(libido)의 올무에 붙잡혀 끌어내려져서 평범한 새장에 갇히게 되었지만, 사냥꾼이 그녀를 업신여기지 못하도록 그 유사한 이름을 계속 지니고 있는 것이다. 종종 언니가 자유롭게 날아다니며 더럽혀지고 꺾인 날개를 한 그녀를 보지만, 자유롭게 그녀를 풀어줄 수 있는 경우는 거의 없다. 필로칼리아는 필로소피아의 도움 없이는 자신이 어디에서부터 여기로 왔는지 그 기원도 알지 못한다(c. Acad. 2.7).
>
> ...nam philocalia et philosophia prope similiter cognominatae sunt, et

quasi gentiles inter se videri volunt, et sunt. Quid est enim philosophia? Amor sapientiae. Quid philocalia? Amor pulchritudinis. Quaere de Graecis. Quid ergo sapientia? nonne ipsa vera est pulchritudo? Germanae igitur istae sunt prorsus, et eodem parente procreatae: sed illa visco libidinis detracta coelo suo, et inclusa cavea populari, viciniam tamen nominis tenuit, ad commonendum aucupem ne se contemnat. Hanc igitur sine pennis sordidatam et egentem volitans libere soror saepe agnoscit, sed raro liberat: non enim philocalia ista unde genus ducat agnoscit, nisi philosophia.

철학과 미학은 자매 학문이다. 아우구스티누스가 그리스인들에게서 배운 것은 진리의 추구와 아름다움의 추구가 결코 분리된 것이 아니라는 사실이다. 진리를 추구하는 학문이 철학이라면 아름다움을 추구하는 학문이 미학이다. 하지만 두 학문은 서로 추구의 방법이 다를 뿐 그 기원은 둘 다 영원한 지성세계(知性世界)에 있는 것이다. 하지만 여기로 나아가는 감각의 길과 성찰의 길에서 고대는 종종 후자를 더 우위에 두었다. 왜냐하면 오직 철학만이 자신의 진정한 기원을 알 수 있고 또한 자매학문인 미학을 부분적으로나마 거기로 인도할 수 있기 때문이다. 빛이 없이 눈은 볼 수 없는 것처럼, 철학의 도움 없이 미학은 날지 못한다.

오코넬은 위의 부분을 해석하며 33살 청년 아우구스티누스의 철학과 미학에 대한 이러한 몰두는 어머니 모니카가 어릴 적부터 그에게 가르쳐 주었던 기독교 진리의 재발견과 근본적으로 일치한다고 주장한다. 오코넬의 해석에 따르면 "(이솝 우화 같이) 그는 필로소피아를 필로칼리아의 언니로 묘사한다. 필로칼리아는 아름다움의 사랑으로서, 너무도 자주 우리를 감각적 쾌락의 매혹 속으로 빠뜨리는 결과를 가져온다. 피안(彼岸)적인 진리의 아름다움을 향해 영혼의 갈망을 인도함으로써 그의 동생을 자유롭게 해방시키는 것이 바로 필로소피아의 임무인 것이다.… 아우구스티누스의 필로소피아(철학)에로의 '회심'(conversion)은 그 본질에 있어 어머니 모니카의 품에서 그가 배웠던 '종교'에로의, 어머니

4. 《아카데미우스 학파를 반박하며》(386 387). 필토소피아와 필로칼리아 39

교회에로의, 기독교 진리에로의 '복귀'(reversion)였다. 그 모든 여성적인 측면, 그 모든 매혹적인 감동, 위로하는 안정감, 그리고 천상에서 보내진 아름다움을 가진 기독교 진리에로의 복귀였다."[31]

40년의 세월이 흐른 후 원숙해진 노년의 아우구스티누스는 자신의 저작들을 꼼꼼히 다시 독서하며 생각이 바뀐 것을 기록해 두었다. 그는 이러한 《재고록(再考錄)》(Retractationes, 426-427)에서 젊은 시절 자신의 아름다움에 대한 지나친 사랑을 조심스럽게 경계한다. 그는 여기서 자신의 관심을 오직 비물질적인 아름다움에 제한시키며, 보이는 물질세계의 아름다움은 사소한 아름다움에 불과하다고 한다. 일부 해석자들은 이런 경향성에 기초해서 아우구스티누스의 신학적 미학이 점진적인 영성화(靈性化, spiritualization)의 과정을 보여준다는 해석을 제기하기도 한다.

> 두 번째 책에 나오는 필로칼리아와 필로소피아의 우화는 완전히 부적절하고 싱거운 이야기이다. 거기서 난 "동일한 아버지에게서 태어난 두 자매"라고 썼었다. 그러나 사실 이른바 필로칼리아는 사소한 것들에만 관심하여 어떤 이유에서도 철학의 자매가 될 수 없거나, 혹은 라틴어로 번역될 때 아름다움의 사랑을 의미할 뿐 아니라 진정한 최고의 아름다움은 지혜이기 때문에 그러한 이름을 존중하고자 한다면 다음과 같이 말해야 할 것이다. 지고한 비물질적인 것들에 있어서 필로칼리아와 필로소피아는 동일한 것이지, 어떤 방식으로도 두 자매는 아니다(retr. 1.1.3).
>
> In secundo autem libro prorsus inepta est et insulsa illa quasi fabula de Philocalia et Philosophia, quod "sint germanae et eodem parente procreatae." Aut enim philocalia quae dicitur, non nisi in nugis est, et ob hoc philosophiae nulla ratione germana: aut si propterea est hoc nomen honorandum, quia latine interpretatum, amorem significat pulchritudinis, et est vera ac summa sapientiae pulchritudo; eadem ipsa est in rebus incorporalibus atque summis philocalia quae philo-

---

31) O'Connell, *Art and the Christian Intelligence*, 13.

sophia, neque ullo modo sunt quasi sorores duae.

따라서 미학은 꽃이나 새와 같이 보이는 것들의 사소한 아름다움에만 관심하는 비본질적 학문으로서 철학의 높이에 전혀 견주어질 수 없다고 폄하되거나, 혹은 흔히 현대미학이 관심하는 가시적 아름다움과는 전혀 다른 비물질적인 지성적 아름다움에 관심하는 철학과 동의어가 되어버리는 딜레마를 만나게 되는 것이다. 현대인이 아우구스티누스의 신학적 미학을 이해하는데 어려움을 가지게 되는 것도 이 때문이다. 하지만 그것이 단지 미학의 딜레마일까 아니면 지성세계에서의 미학의 완성에 대한 통찰일까?

5. 《질서에 관하여》(386-387): 아름다움은 악을 필요로 한다

아우구스티누스가 386년 11월에서 387년 3월 사이에 카시키아쿰에서 머물며 쓴 《질서에 관하여》(*De ordine*)는 그가 미학적 신정론(美學的 神正論, aesthetic theodicy)을 시도한 가장 최초의 저작이다.[32] 아우구스티누스는 여기서 그의 마음을 오랫동안 괴롭혀왔던 질문 곧 "하나님의 섭리는 이러한 사물들의 바깥 한계들까지는 미치지 못하는 것인가, 아니면 모든 악들조차도 하나님의 의지에 의해서 행해지는 것인가?"라는 질문을 피하지 않고 집요하게 성찰하고자 한다(*ord*. 1.1.1). 또한 나중에 《재고록》에서 회상하며 자신이 이 책을 쓴 이유를 "하나님의 섭리의 질서는 선한 모든 것과 악한 모든 것을 포괄하는가?"라는 물음을 묻기 위해서라고 밝히고 있다(*retr*. 1.3.1). 이미 기독교인이 되기 전부터 그는 어

---

32) 이 저작의 영어제목이 *Divine Providence and the Problem of Evil: A Translation of St. Augustine's De Ordine* (New York: Cosmopolitan Science & Art Service Co., Inc., 1942)로 번역이 된 것에서도 알 수 있듯이, 아우구스티누스는 여기서 하나님의 섭리와 악의 문제를 집중적으로 다루고 있다.

떻게 선한 하나님과 추악한 악이 공존할 수 있는지의 물음을 가졌다. 하나님의 섭리가 세상을 다스리고 있지 않거나 혹은 악이란 하나님의 의지에 의해 행해진 것일 수밖에 없지 않은가? 이런 근원적 질문은 그로 하여금 선악의 이원론을 주장한 마니교에 관심을 가지게 하였다. 하지만 기독교로 개종을 결심한 아우구스티누스에게 이러한 이원론적 대답은 더이상 불가능한 것이었다. 철저한 유일신론적 기독교에서 하나님의 절대적 궁극성을 위협하는 그 어떤 형이상학적 라이벌 원리도 있을 수 없는 것이다. 하나님이 통제할 수 없는 악의 원리가 존재한다면 이미 그것은 기독교의 유일하신 하나님이 아니기 때문이다. 아우구스티누스는 하나님의 "심경의 변화"가 있었다거나 혹은 악이란 원래 하나님에게 "골치 아프게 다루기 힘들고," "적대적인" 것이라는 설명만으로는 부족하다고 보며(ord. 2.17.46), 왜 하나님이 세상에 악을 허락하는지 그 "아름다운 이유 혹은 이유의 아름다움"(pulchritudo rationis)을 발견하고자 하였다 (ord. 1.8.25). 악의 처참한 비극에 어떻게 아름다운 이유가 있을 수 있을까?

아우구스티누스는 하나님의 세상에 대한 섭리와 보살핌은 질서에 의한 것이라고 보았다. 이러한 질서에는 두 종류가 있다. 첫째가 "실재" 혹은 "온 우주"의 객관적 질서이고, 둘째가 "학문들"이라는 인간 영혼의 지성적 훈련의 질서이다(ord. 1.1.1; 2.8.25). 이 두 섭리의 질서를 차례로 살펴보도록 하자. 우선 첫째로, 우주는 단지 혼돈의 상태에 있는 것이 아니라 하나님의 질서에 의해 운영되고 있다. "하나님이 만드신 모든 것들은 질서에 의해 다스려진다"(ord. 1.10.28). 우주는 물질, 생명, 지성계 등의 위계적 질서를 가진다. 그렇다면 하나님의 섭리의 질서에 악도 포함이 되는가? 이러한 악의 질문을 대답하기 위해 아우구스티누스는 자신의 동료이면서 제자인 리센티우스(Licentius)와 트리게티우스(Trygetius)와의 토론의 과정에서 그들이 제시하는 대조(對照)와 총체성(總體性)이라는 두 미학적 가치에 주목한다. 먼저 리센티우스가 제시하는 대조의 원리에 따르면 선한 것들과 악한 것들의 미학적 "대조"가 하나님의 섭리의 질서 속에 함께 있기 때문에 하나님의 아름다운 정의가 보다 분명히 밝게 드러난다.

> 비록 하나님이 악을 사랑하시지는 않지만, 그렇다고 악이 질서에서 벗어나 있는 것은 아니다. 하나님은 질서 자체를 사랑하신다. 선한 것들을 사랑하시고 악한 것들을 사랑하지 않는 일, 바로 이것을 하나님은 사랑하신다. 이러한 사랑 자체가 하나님의 위대한 질서와 섭리이다. 하나님의 질서 있는 섭리가 바로 이러한 다름(distinctio)을 통해 우주의 조화를 유지하기 때문에, 악한 것들도 반드시 필요하게 된다(mala etiam esse necesse sit). 마치 연설에서 우리를 기쁘게 하는 것이 이런 대조들, (antitheta) 즉 모순들(contraria)이듯이, 마찬가지로 모든 아름다운 것들도 이런 방식으로 만들어진다(*ord.* 1.7.18).
> Ita nec praeter ordinem sunt mala, quae non diligit Deus, et ipsum tamen ordinem diligit: hoc ipsum enim diligit diligere bona, et non diligere mala; quod est magni ordinis, et divinae dispositionis. Qui ordo atque dispositio, quia universitatis congruentiam ipsa distinctione custodit, fit ut mala etiam esse necesse sit. Ita quasi ex antithetis quodammodo, quod nobis etiam in oratione jucundum est, id est ex contrariis, omnium simul rerum pulchritudo figuratur.

우주와 사물의 질서는 "다름," "대조들," "모순들"의 원리에 의해 아름답게 하모니를 이루고 있다. 또한 여기서 질서란 단지 사물의 질서만을 가리키는 것이 아니라 학문의 질서도 또한 포함한다. 이미 피타고라스가 보았듯이 사물은 수학적 질서로 스며들어 있다. 이 때문에 아우구스티누스의 수사학에서의 학문적 경험이 우주 전체에 대한 실제적 경험으로 확장될 수 있는 것이다. 고결하고 엄숙한 연설에서 가끔 사용된 저속하고 천박한 표현이 그 연설 전체의 생생한 박진감을 가져온다는 것을 아우구스티누스는 누구보다 잘 알고 있었다. 문학가이며 수사학자로서의 아우구스티누스의 경험은 우주적 시인으로서의 하나님의 경험을 예감하고 이해하게 만든다. 대조나 극적인 반전 없는 문학만큼 권태로운 것이 있을까? 우주는 거대한 문학과도 같은 것이다. 우주라는 소설책은 대조, 반명제들, 대립들에 의해 보다 생생하고 아름답게 쓰여지게 된다. 선과 악의 궁극적 대조는 전체 우주의 아름다운 풍경을 한층 돋보이게 하는 미학적 효과를 가져온다. 대조가 없으면 강조도 없고, 강조가 없으면 깊은 인식도 불가능하다. 바로 이러한 대조라는 악의 미학적 도구성 때문에 "악한 것들도 필연적으로 존재해야만 한다."

하지만 아우구스티누스는 또 다른 제자인 트리게티우스의 대답에도 매우 흡족하였던 것 같다. 리센티우스가 우주 안에 존재하는 상반된 부분들의 강렬한 "대조"라는 미학적 효과를 강조하였다면, 트리게티우스는 그 대조의 결과로서의 "총체성"의 아름다움에 보다 강조점을 둔다. 하지만 강조점의 차이일 뿐 두 대답은 본질에 있어 동일하다. 그리고 아우구스티누스 자신이 여기서 새롭게 부각시키는 것은 선악의 풍경이라는 우주적 총체성을 볼 수 없는 인간 무지의 한계성이다. 무지한 자는 하나님의 섭리를 탓하지만, 사실 잘못된 것은 하나님의 섭리 자체가 아니라 그 섭리의 총체성을 보지 못하는 인간의 무능력함이다. 우주의 부분이 아니라 전체를 보아야 한다. 그 총체적 단일성이 주는 아름다움을 보아야 한다. 아우구스티누스는 "우주"(universitas)라는 말 자체도 "하나"(unum)라는 말에서 유래하였다고 말한다(*ord*. 1.2.3). 따라서 오직 편협하게 인생의 부분만을 보는 자는 그 어마어마한 추함에 좌절할 뿐이다.

> 하지만 만약 마음의 눈을 높이 들고 시야를 넓혀서 한꺼번에 모든 것들(universa)을 본다면, 그 어떤 것도 질서를 벗어나지 않고 항상 자신의 적합한 자리에 있다는 것을 발견하게 될 것이다(*ord*. 2.4.11).
> Si autem mentis oculos erigens atque diffundens, simul universa collustret, nihil non ordinatum, suisque semper velunti sedibus distinctum dispositumque reperiet.

아우구스티누스는 이러한 대조와 총체성의 원리를 하나로 묶어 일종의 "대조적 조화(對照的 調和, contrastive harmony)"의 미학적 신정론이라는 악에 대한 대답을 여기서 제시하고 있다.[33] 하나님은 전체 우주의 대조적 조화라는 아름다움의 이유 때문에 악을 미학적 도구로 허용하신다는 논지이다. 하나님의 섭리가 이러한 대조적 조화로서의 총체성이라고 보는 것은 분명 하나의 가능한 미학적 해석이며, 아우구스티누스는 여러 예들을 통해 이를 옹호한다. 국가의 질서가 잘 유지되기 위해서는 평범한 시민들뿐만 아니라 악인을 처벌하는 교수형 집행인도 필요한 것이다. 만약 매춘부가 없어진다면 정숙한 여인들이 불명예의 위험에 처하게 될 것이다. 우리 신체의 추한 부분들은 잘 보이지 않는 곳에 위치하기 때문에 보다 빼어난 부분들이 잘 보이게 더 좋은 자리를 차지할 수 있다. 닭싸움에서 패배한 닭의 초라함은 이긴 닭의 오만한 승리감과 잘 조화를 이루어서 그 싸움 자체의 아름다움을 드러낸다(*ord*. 2.4.12). 대조적 조화의 섭리는 사물의 질서뿐 아니라 인간의 학문적 질서에서도 또한 동일하게 발견된다. 시인은 전체 시를 아름답게 하기 위해서 야만적인 표현도 적절히 사용할 줄 안다. 만약 이런 부분을 없애버린다면 우리는 그 즐거움을 그리워할 것이다. 또한 거짓말이나 오류가 있는 이론도 그 자체로는 경멸될 것들이지만 어떤 논쟁의 상황에서 적절하게 배치된다면 즐거움을 줄 수도 있는 것이다(*ord*. 2.4.13; 2.5.13). 아우구스티누스의 이 모든 예들에서 볼 수 있듯이 사물의 질서는 하나님의 아름다운 우주 살림을 드러내며 학문의 질서는 하나님의 아름다운 우주 문학을 드러낸다. 대조와 총체적 조화를 통해 이루어지는 이러한 물리적이고 지성적인 질서 속에 편만한 하나님의 "아름다운 이유 혹은 합리성"이 바로 악의 문제를 대답한다고 아우구스티누스는 결론 내린다. 《질서

---

33) 아우구스티누스의 대조적 조화의 미학적 신정론을 로체는 "보상의 원리"(principle of compensation)에 기초한 것이라고 불렀고, 보너는 "전체 그림의 관점"(whole picture view) 혹은 "장기적 관점"(long-term view)이라고 부른다. W. J. Roche, "Measure, Number, and Weight in Saint Augustine," *The New Scholasticism*, vol. 15, no. 4 (October, 1941), 366. Gerald Bonner, *St. Augustine of Hippo: Life and Controversies* (Beccles and London: Canterbury Press Norwich, 1989), 205.

에 관하여》에 드러나는 아우구스티누스의 대조와 총체성의 미학적 신정론을 오코넬은 다음과 같이 적절하게 요약한다.

> 이 가장 곤란한 [악의] 문제에 접근하기에 앞서, 아우구스티누스는 고대 세계의 고전적인 신정론에 공통적이었던 두 원칙들에 호소한다. 그것들은 서로에게 긴밀하게 관련될 뿐 아니라, 둘 다 그 주장을 뒷받침하고자 미학적인 예화들을 끌어들인다. 우리는 첫 번째를 대조의 원칙(the principle of antithesis)이라 부를 수 있을 것이다. 악한 것들의 존재는 그것들이 선을 보다 선명하게 만드는 한에 있어서 정당화될 수 있다. 마치 그림에서의 검정색과도 같이 세계의 전체 질서에서 악은 밝은 부분들을 보다 강조하기 위해 필수불가결한 것이다. 수사적인 대조들이 즐거움을 선사하고, 저속한 말투의 첨가가 고상한 연설의 보다 위대한 부분들을 대조시켜주는 것과 동일한 방식으로, 패배해서 엉망이 된 닭의 추함이나 사형 집행인의 무시무시함 혹은 매춘부조차도 우주의 조화로운 콘서트에 모두 공헌하는 것이다.
>
> 두 번째는 총체성의 원리(the principle of totality)라 부를 수 있을 것이다. 이 원칙은 우리로 하여금 이런 저런 고통스러운 (혹은 추해 보이는) 부분에 관심을 고착시키는 대신, 모든 것들을 전체로서 보도록 요구한다. 단지 검정색만이 아니라 전체 그림을 보라. 단지 고립된 부분만이 아니라 전체 세계질서의 콘서트를 들으라. 그렇게 되면 얼핏 부분만 들을 땐 도무지 불협화음만 같던 것들도 전체 우주 과정의 아름다운 음악에 공헌하고 있는 것을 들을 수 있을 것이다.[34]

요컨대 악의 이유는 섭리 질서의 아름다움에 기여하는 미학적 효과에 있다. 아름다운 질서는 대조와 총체성의 조화를 요구한다. 물론 죄악

---

34) O'Connell, *Art and the Christian Intelligence*, 20-21. 테스크(Roland J. Teske)는 아우구스티누스의 이러한 총체성의 미학적 신정론의 한 가능한 출처로서 플로티누스의 《에네아데스》 3.2.3을 제안한다. 여기서 플로티누스는 우주의 각각의 부분들이 가지는 목적은 "전체의 이익을 증가시키는 것"이라고 말하고 있다. The Fathers of the Church 시리즈 84권인 Saint Augustine, *On Genesis* (Washington, D.C.: Catholic University of America Press, 1991)에 실린 Roland J. Teske, "Introduction," 24 각주 49 참조.

이 그 본질 자체로 어떤 악마적 아름다움을 가지는 것은 아니며, 아우구스티누스는 결코 이것을 주장하지는 않는다. 또한 아우구스티누스는 악이 "하나님의 질서에 의해서" 생겨나는 것은 아니며, 악이 생겨난 이후에 섭리의 "질서 안에" 포함된다는 논리적 구분을 한다(ord. 2.7.23). 악의 철저한 추함이 선의 고결한 아름다움에 대조되기 때문에 기능상에 있어서 도구적 가치를 가지는 것이다. 선악의 풍경으로서 우주 전체가 아름다울 수 있는 것이다. 바로 이러한 악의 미학적 도구성이 아우구스티누스가 발견한 하나님의 아름다운 이유 혹은 합리성이다.

> [진리와 아름다움을 사모하는] 연인들의 눈이 아름다운 이성 혹은 이성의 아름다움(pulchritudo rationis)이 어디서 신호를 보내는지 둘러보지 않는 곳이 어디 있으며, 찾아보지 않는 곳이 어디 있겠는가? 아름다운 이성은 모든 학문과 비학문을 다스리고 통치하며, 그녀의 열렬한 추종자들로 하여금 어떤 방식으로든 어떤 곳에서든 항상 그녀를 찾도록 명령한다(ord. 1.8.25).
>
> Quid enim non ambiunt, qua non peragrant oculi amantum, ne quid unde unde innuat pulchritudo rationis cuncta scientia et nescientia monificantis et gubernantis, quae inhiantes sibi sectatores suos trahit quacumque atque ubicumque se quaeri jubet?

여기서 우리는 아우구스티누스의 신학적 범미론(汎美論, pancalism)을 놓칠 수가 없다. 아름다움은 존재하는 모든 것들의 내적 알갱이 혹은 본질이며, 아름다움의 본질 안에는 바로 하나님이 계시다. 아우구스티누스에게 하나님은 궁극적으로 "진리 - 하나님"(Deus veritas)이며 "선미(善美) - 하나님"(Deus bonum et pulchrum)이시다(sol. 1.1.3). 하나님은 참되고, 선하고, 아름답다. 타타르키비츠는 아우구스티누스의 범미론적 우주관의 두 뿌리를 구약성서와 그리스철학에서 찾는다. 성서의 그리스어 번역본인 70인역은 창세기의 하나님의 선한 창조를 "아름다운"(kalos) 창조로 표현했으며, 그리스 철학의 "범미"(pankalia) 개념은 존재와 미를 거의 동일시했다.[35] 예를 들어 신플라톤주의자인 플로티누스는 존재가 바로 아름다움이라고 주장한다. "존재 없는 아름다움은 있을 수 없으며, 아름다움이 결여된 존재도 있을 수 없다. 아름다움에 버림받은 존재는 자신의 그 어떤 본질을 상실한 것이다. 모두가 존재를 욕구하는 것은 그 것이 바로 아름다움과 동일하기 때문이다. 그리고 모두가 아름다움을 사랑하는 것은 그것이 바로 존재이기 때문이다"(《에네아데스》 5.8.9). 이러한 존재와 아름다움의 동일성 때문에 아름다운 이성 혹은 이성의 아름다움은 없는 곳이 없으며 찾아지지 않는 방식이 없다. 학문의 질서 혹은 사물의 질서는 존재론적 아름다움으로 가득하다. 요컨대 우주는 그 속의 악에도 불구하고 철저하게 아름답다. 하나님의 섭리의 질서가 선뿐만 아니라 악도 또한 포함하는가 라는 아우구스티누스의 처음 질문은 '그렇다'라는 긍정적인 대답을 듣게 된다. 이 둘 모두 대조적 조화라고 하는 전체 우주의 총체적 아름다움을 위해 사용된다. 카시키아쿰에 머물며 같은 시기에 집필된 《독백》(*Soliloquia*, 386-387)에서 아우구스티누스는 "우주가 비록 그 사악한 측면들을 가짐에도 불구하고 완벽하다"고 말하고 있으며, "나쁜 것과 좋은 것이 더불어 조화를 이루기에 절대적 부조화는 존재하지 않는다"고 생각한다(sol. 1.1.2).

둘째로, 그렇다면 우리는 왜 이렇게 아름다운 섭리가 만든 사물의 질서를 보지 못하고 오히려 섭리의 불공평성을 비난하는가? 학문의 질서와 관련하여 아우구스티누스는 그 대답으로 무지(無知, unknowing)의 신학적 인간학을 제시한다. "이러한 실수의 가장 주요한 원인은 인간이 인간 자신에 대해서 무지하다는 데 있다"(*ord*. 1.1.3). 인간 자신에 대한 인간의 무지가 전체로서의 사물의 질서에 대한 무지를 또한 가져오게 되는 것이다. 여기서 아우구스티누스는 유명한 모자이크 바닥의 예를 든다.

> 만약 어떤 이가 벽돌로 무늬가 박힌 모자이크 바닥을 살펴볼 때, 그의

---

35) Tatarkiewicz, *History of Aesthetics II*, 4-12. 타타르키비츠, 《미학사 2: 중세미학》, 20-32.

눈이 작은 벽돌 하나의 모양 이상을 볼 수 없다면 그는 건축자가 배열과 구성의 기술이 부족하다고 혹평할 것이다. 이런 이유로 그는 작은 벽돌들의 전체적 통일성을 오히려 무질서로 착각할지도 모른다. 왜냐하면 그가 여러 선들이 조화롭게 모아져 하나의 통일적 형태의 아름다움을 이루는 것을 보지 못하고 전체를 한꺼번에 살피지 못했기 때문이다. 이와 아주 유사한 예가 배움을 받지 못한 사람들에게서도 발견된다. 그들은 정신이 박약하기 때문에 사물들의 적합한 통일성을 이해하거나 배우지 못한다. 만약 어떤 것이 자신들에게 불쾌하게 보일 때 그들은 전체 우주가 무질서한 것으로 착각한다. 그들의 인식 속에는 그것만 확대되어 보이기 때문이다(ord. 1.1.2).

...ut in vermiculato pavimento nihil ultra unius tesellae modulum acies ejus valeret ambire, vituperaret artificem velut ordinationis et compositionis ignarum eo quod varietatem lapillorum perturbatam putaret, a quo illa emblemata in unius pulchritudinis faciem congruentia simul cerni collustrarique non possent. Nihil enim aliud minus eruditis hominibus accidit, qui universam rerum coaptationem atque concentum imbecilla mente complecti et considerare non valentes, si quid eos offenderit, quia suae cogitationi magnum est, magnam putant rebus inhaerere foeditatem.

원인의 진단이 끝났으면 치료의 제안이 이어져야 한다. 어떻게 우리의 영혼을 이러한 무지에서 깨어나게 하고 그 원래의 아름다움에 대한 통찰을 회복시킬 수 있을까? 아우구스티누스는 인간의 근시안적 시각을 고치기 위해서 두 번째 종류의 질서인 "학문"의 질서, 즉 "학예(學藝) 교육"(disciplinarum liberalium)이 필요하다고 보았다(ord. 1.8.24). "질서는 만약 평생 그것을 준수한다면 우리를 하나님에게로 이끌 것이다"(ord. 1.9.27). 문법(문학)-논증학(논리학)-수사학-음악-기하학-천문학-수학의 7과목으로 이루어진 학예 교육의 사다리는 감각세계에서 지성세계로 올라가는 "상승의 단계들"(gradus)이기 때문에 질서 있게 차례차례 가르쳐져야 한다(ord. 2.14.39). (1) 문법 혹은 문학은 글자들 속의 질서를 발견하는 학문이다. (2) 논증학 혹은 논리학은 이성 자체에 대한 연구에 앞서 정의, 구분, 종합 등등 이성적 능력이 사용하는 도구들에 관한 학문이다. (3) 논리학이 이성적 논의를 통한 설득을 목표로 한다면, 수사학은 말의 감정적 매혹을 통해 설득하려는 학문이다. 그 스스로가 수사학자였던 아우구스티누스는 수사학을 대중을 현혹시키는 거짓된 학문이라고 보았다. (4) 음악은 귀를 통해 들려오는 감각적 소리와 리듬 안에 내재하는 숫자의 질서를 발견하는 학문이다. (5) 기하학은 땅과 하늘 안의 사물들의 선이나 형태에 드러나는 디자인, 차원, 그리고 숫자에서 이성의 흔적을 발견하는 학문이다. (6) 천문학은 천체의 주기적인 움직임이나 계절의 반복되는 순환 등에서 변함없는 하나님의 섭리의 질서를 연구하는 학문이다. (7) 수학은 이전의 학문들이 사용한 감각적 흔적의 그림자를 완전히 버리고 질서 자체만을 순수하게 연구함으로써 영혼의 불멸성을 증명하려는 가장 진리에 가까운 학문이다.[36] 여기서 인간의 이성은 어쩌면 자기 자신이 모든 사물들을 숫자의 질서에 따라 배치한 바로 그 이성적 질서 자체가 아닌가 의심한다. 혹은 수학이 그 이성적 질서 자체가 아니라면 거기에 도달하려고 노력하는 학문이다(*ord*. 2.12. 36-2.15.43). 이처럼 학문의 사다리를 올라감으로써 영혼은 그 자신의 무지로부터 탈출하여 우주가 이성적이고 수학적인 아름다운 사물의 질서를 가진다는 것을 알게 된다. "따라서 이러한 학문의 분야들에서 모든 사물들은 수적인 균형(numerosa)을 가지는 것으로 이성에 드러나게 된다"(*ord*. 2.15.43). 바로 이것이 존재에 대한 가장 철학적인 성찰로서 수학을 맨 나중에 배워야 하는 이유이다. 카시키아쿰에 머물던 기간 동안 아우구스티누스의 마음 속에서 수학자이자 철학자인 피타고라스(Pythagoras)는 "광포한 바다의 파도 속에서도 미동조차 없는 바위" 같

---

36) 7학예는 중세 대학의 가장 기초적인 교육 내용으로 가르쳐졌으며 오직 이러한 예비과목을 마친 이들만이 인간의 영혼과 운명과 목숨을 연구하는 신학(Ordo Theologorum), 법학(Ordo Legistrarum), 의학(Ordo Physicorum)의 학문을 할 수 있도록 허락되었다.

이 우뚝 서 있었다(*ord*. 2.20.54).

아우구스티누스는 학문의 질서와 관련하여 두 가지 중요한 문제를 제기한다. 바로 철학의 역할과 영혼의 불멸성이 그것이다. 우주의 총체성을 조망하기 위한 영혼의 상승은 오직 철학적인 방식으로만 가능하다. 우주의 이성적이고 수학적인 조감도는 감각적으로는 파악될 수 없으며 오직 지성적으로 이해될 수 있을 뿐이다. "필로칼리아"(美學, philocalia)와 "필로소피아"(哲學, philosophia)의 우화에서 드러나듯이 미학이 영혼의 상승 운동에 어떠한 역할이라도 하기 위해서는 감각적 인식에서 멀어져 보다 지성화되고 철학화되어야 한다고 아우구스티누스는 생각했다(*c. Acad*. 2.3.7). 필로칼리아가 감각이라는 욕망의 올무에 걸려 날개가 접힌 채 추락해 새장에 갇히게 된 반면, 필로소피아는 자신의 진정한 기원인 지성의 태양을 향해 자유로이 날아오르기 때문이다. 따라서 아름다움의 연인들인 예술가도 "철학의 가슴에서 피난처를 가져야 한다"(*c. Acad*. 2.3.7). 철학이 보다 더 본질적으로 아름답기 때문이다. 또한 "시인들도 이성에 의해 낳아졌다"(*ord*. 2.14.40). 이처럼 예술과 나아가 인류의 문화 전체에 있어서 감각적 아름다움 자체도 중요하지만, 그러한 귀나 눈의 "감각 안에 내재한 이성의 흔적"(vestigia rationis in sensibus)을 통해서 그러한 신호와 상징이 가리키고 있는 초감각적 아름다움을 향해 나아가는 것이 더욱 중요하다(*ord*. 2.11.33). 예술가의 미학적 제작 작업보다도 그러한 예술작품을 매개로 한 감상자의 철학적 성찰이 보다 중요한 것도 이 때문이다. "따라서 감각 자체의 기쁨과 감각을 통한 기쁨은 별개의 문제이다"(*ord*. 2.11.34). 전자가 미학이라면 후자는 철학의 임무이다. 플로티누스의 《에네아데스》 1.6.9는 이러한 아우구스티누스의 상승의 미학을 이해하는데 도움을 준다. 플로티누스에 따르면 학예 교육은 일종의 영혼의 훈련장으로 거기서 영혼은 자신으로부터 모든 불필요한 감각적 잉여를 깎아 버림으로써 자기 스스로를 조각하는 "조각가"이다. 상승을 위해서는 반드시 무게의 버림이 있어야 한다. 하지만 아우구스티누스는 고대의 철학 교육과 학예의 사다리를 무비판적으로 수용하지는 않았으며, 교회의 권위와 신앙이 그러한 문화적 전통과 가지는 차이점에도 주목하였다. 권위에 대한 복종보다는 이성의 자율성을 항상 먼저 강조하는 철학과는 대조적으로, 아우구스티누스는 신앙의 문제에 있어 "시간의 관점에서는 권위가 우선하며, 실재의 질서에 있어서는 이성이 우선한다"(Tempore auctoritas, re autem ratio prior est)는 보다 미묘한 신학적 견해를 제시한다(*ord*. 2.9.26). 오직 교회의 "권위만이 문을 열기 시작할 수 있다"(*ord*. 2.9.26). 하지만 일단 지혜의 문에 들어선 후에는 지성세계를 향한 영혼의 상승은 철학과 학예의 배움을 통해 이루어진다.37)

철학은 죽음을 피한다(*ord*. 1.8.24). 아우구스티누스는 악의 또 다른 모습인 죽음과 유한성이라는 형이상학적 문제를 자아의 정체성을 철학적으로 새롭게 규정함으로써 풀고자 한다. 곧 우리의 진정한 자아는 바로 이성 자체이다. 그 당시 아우구스티누스의 견해로는 영혼의 불멸성은 이성의 불멸성과 동일하다. "하나님을 이해하는 자는 누구이든지 하나님과 함께 존재한다"(cum Deo est quidquid intelligit Deum)(*ord*. 2.2.4). 반대로 "보편적으로 거짓인 것은 존재하지 않는다"(*sol*. 1.15.29). 죽음과 악에 대한 아우구스티누스의 존재신학적 해결책은 다음과 같은 논리로 제시되고 있다: "만약 A라는 것이 또 다른 B라는 것 속에 존재하고, A가 영원히 지속될 때, B도 또한 영원히 지속된다"(*sol*. 2.13.24). 달리 말해 영원한 이성의 진리가 우리의 영혼 속에 존재한다면, 우리의 영혼 또한 영원히 불멸할 것이라는 논지이다.

따라서 만약 이성(ratio)이 불멸하고, 만약 이 모든 것들을 분석하고 종합하는 나(ego)는 이성이라면, 내가 죽을 수 밖에 없다고 여겨지게 만드

---

37) 아우구스티누스는 나중에 《재고록》에서 철학이나 학예에 대한 자신의 지나치게 높은 평가를 "후회한다"고 밝히며, 여러 성자들이 이런 것들에 대해 별로 알지 못한다는 사실도 상기시킨다. 또한 그는 젊은 시절에 가졌던 플라톤주의와 피타고라스주의에 대한 자신의 일방적인 편애도 유사하게 균형을 잡는다(*retr*. 1.3.2).

는 모든 것들은 내 것이 아니다. 혹은 만약 영혼(anima)이 이성과 같은 것이 아니지만 그럼에도 불구하고 내가 이성을 사용한다면, 또한 만약 이성을 통해 내가 우월하게 된다면, 우리는 보다 작은 선에서 보다 위대한 선을 향해서 그리고 사멸하는 것에서 불멸하는 것을 향하여 날아가야 할 것이다(ord. 2.19.50).

Igitur si immortalis est ratio et ego qui ista omnia vel discerno vel connecto ratio sum, illud quo mortale appellor non est meum. Aut si anima non id est quod ratio et tamen ratione utor et per rationem melior sum, a deteriore ad melius, a mortali ad immortale fugiendum est.

요컨대 아름다움의 궁극적인 미학적 기능은 영원한 이성에 대한 동경을 씨뿌리는 것이다. 그것이 자신 밖의 사물의 아름다움이든 자신 안의 학문의 아름다움이든, 아름다움의 질서는 하나님의 절대 이성 혹은 보편적 합리성을 보여준다. 죄악과 비극조차도 대조적 조화를 통해 세계를 다스리는 "아름다운 이성"을 훼방할 수 없으며 그 안에서 움직일 뿐이다(ord. 1.8.25). 비록 감각세계에 빠져 우리 영혼이 이 전체 질서의 아름다움을 볼 수 있는 능력을 상실하게 되었지만, 하나님은 다양한 아름다움의 신호들을 통해 하나님 자신의 아름다운 창조세계를 보도록 교육하신다. 인간의 근시안적 무지는 철학과 학예의 사다리의 도움을 받아야 한다. 우리 몸의 눈이 태양의 빛을 통해 태양을 볼 수 있듯이, 우리 마음의 눈인 이성은 학예의 조명을 통해서 지성의 태양을 볼 수 있게 된다(sol. 1.6.12). 이러한 영혼의 상승을 통해 "아름다움, 다른 아름다운 모든 것들은 단지 이것의 모방일 뿐인 아름다움 자체"를 보게 될 것이며, 바로 그 아름다움을 봄으로써 악에 대한 우리의 모든 고뇌에 찬 질문들은 기억에서 말끔히 지워지게 될 것이다(ord. 2.19.51). 섭리의 질서 자체가 아름답다.

우리는 카시키아쿰에서부터 이미 미묘한 두 이질적인 미학, 두 이질적인 세계의 아름다움에 대한 생각이 맹아적으로 아우구스티누스 안에 공존하고 있는 것을 보게 된다. 부분들의 대조와 그러한 대조적 부분들을 통해 이루어지는 총체성의 조화라는 것은 사실 악의 존재에도 불구하고 이 세계의 아름다움을 긍정하려는 신학적이고 미학적인 동기를 가진다. 하지만 이러한 세계긍정적 미학과 더불어서 이 세계를 탈출하고자 하는 또 다른 미학이 아우구스티누스에서 발견된다. 예술과 자연의 우상적 아름다움에서 탈출해서 진정한 아름다움 자체인 하나님에게로 올라가고자 하는 이러한 상승의 미학은 세계의 아름다움에 대한 조건 없는 긍정에 가깝다기보다는 세계부정적인 혹은 세계초월적인 미학에 가깝다. 감각적 세계 전체도 아름답지만 우리가 여기에 머물러서는 안 되고 세계를 상승하여 초감각적 하나님의 아름다움 자체에로 올라가야 한다는 것이다. 오코넬은 이러한 감각적 우주의 아름다움이라는 "대조적 총체성의 미학"(the aesthetic of antithetical totality)과 또 다른 차원의 초감각적 지성계의 아름다움이라는 "상승의 미학"(the ascensional aesthetic) 사이의 미묘한 갈등을 "아우구스티누스의 일관성이 결여된 미의 인식론의 뿌리"라고 본다.[38] 어쩌면 아우구스티누스의 위대함은 이러한 이질적인 요소를 긴장 속에서 함께 사유할 수 있었던 유연한 끈질김에 있을 것이다.

6. 개종 후 초기 저작들: 신앙의 미학

아우구스티누스는 전 생애에 걸쳐 자신의 미학적 신정론을 점진적으로 조금씩 다듬으며 확장시킨다. 밀라노, 로마, 타가스테에서 머물던 기간 동안(387-389) 그는 자신의 변증 모델을 자연적 악, 도덕적 악, 형이상학적 악에 적용시킨다. 우리에게 주어진 자유 의지의 오용에서 기인하는 교만, 욕정, 호기심의 세 가지 도덕적 악까지 포함해서 그 어떤 종류의 악도 세계에 대한 하나님의 섭리의 돌보심을 위협할 수는 없다고 그는 결론내린다. 아름다운 합리성을 지닌 우주의 존재론적 질서는 이제

---

38) O'Connell, *Art and the Christian Intelligence*, 22.

"아름다운 정의 혹은 정의의 아름다움"(justa pulchritudo)이라는 도덕적 차원의 질서도 포괄하는 것으로 강조된다(quant. 36.80).

첫째, "자연적 악이란 없다"는 사실을 분명히 하며 아우구스티누스는 마니교의 물질주의적 악 개념을 비판한다(Gn. adv. Man. 2.29.43). 마니교는 불, 독약, 맹수 등등의 물질적 "실체"(substantia)를 악이라고 주장한다. 에반스(G. R. Evans)에 따르면 "마니교도들의 '형이상학'은 피조된 세계의 구체적 물체들에게 제한되어 있는 '물리학'일 뿐이었다."[39] 또한 메튜스(Charles T. Mathewes)는 마니교의 물질론적 악에 대한 논쟁에서 아우구스티누스의 가장 큰 공헌은 악을 "비신화론화"(非神話論化, demythologize)한 것이라고 평가한다.[40] 아우구스티누스는 자신이 과거에 마니교도로서 신봉했던 이러한 물질주의적 이해를 거부하며 악이란 "부조화"(inconvenientia)라는 일종의 관계적이고 상대주의적인 악 개념을 제시한다(mor. 2.8.11-12). 아우구스티누스는 아테네의 한 여자 죄수의 예를 들며 독이란 적절하게 사용될 때 몸에 무해하고 오히려 몸과 조화를 이룰 수도 있다는 사실을 지적한다. 크리스마스로스(유럽산 식물)는 어떤 때는 음식으로, 어떤 때는 약으로, 그리고 어떤 때는 독으로 이용되기도 한다. 따라서 얼핏 보기에 악으로 보이는 자연의 수많은 것들이 사실은 자연의 요소들 사이의 관계적 부조화를 나타낼 뿐이며, 나아가 그러한 부조화가 또한 자연 전체의 보다 큰 조화를 가져오는 것이다. "하나님의 빛"에 대항하여 싸우는 "어둠의 나라"가 있다는 주장은 마니교도들의 오해이며 억견이다(Gn. adv. Man. 1.4.7). 어둠이란 실체가 아니며 실체의 관계적 부재, 즉 빛의 부재일 뿐이다. 악을 이해하는데 있어 결정적으로 주목해야 하는 것은 자연의 어떤 일부분의 물질적 실체가 아니라, 자연의 대조적 조화 속에 존재하는 여러 부분들의 서로에

---

39) G. R. Evans, *Augustine on Evil* (New York: Cambridge University Press, 1982), 76.
40) Charles T. *Mathewes, Evil and the Augustinian Tradition* (Cambridge, U.K.: Cambridge University Press, 2001), 63. 또한 같은 책 5장의 "악의 비신화론화"를 보라(201-238).

대한 수직적·수평적 관계성이다. "어떤 존재들은 완벽하고 다른 존재들은 불완전한 이러한 우주는 그 전체성에 있어서 완벽하다"고 아우구스티누스는 자연적 악에 대한 결론을 내린다(*Gn. adv. Man.* 2.29.43).[41]

둘째, 죽음과 유한성의 형이상학적 악에 대하여 아우구스티누스는 《질서에 관하여》에서의 견해를 계속 견지한다. 인간의 영혼은 "학문", "숫자들의 원리", 그리고 "학예"와 같이 불멸하는 것들을 담는 그릇으로 작용하기에 또한 불멸성을 가진다(*imm. an.* 1.1; 4.5). 우리 인간의 우뚝 선 직립적 몸의 형태조차도 인간 속에 있는 하나님의 형상이 다름 아닌 이성 혹은 지성이라는 사실을 가리키고 있다(*Gn. adv. Man.* 1.17.28). 영원한 것은 시간 속에서 만들어질 수도 없고 파괴될 수도 없기에, 아우구스티누스는 "제작" 혹은 "탄생"이라는 것과 "발견"을 구분하여 말한다(*imm. an.* 4.6; cf. *mor.* 2.9). 학예(學藝, liberal arts)도 인간의 정신에 의해 제작되거나 새롭게 태어나는 것이 아니라 다시 발견된 것이다. 배움이란 "기억의 방"으로부터 사물들을 다시 알아보고 기억하는 것일 뿐이다(*quant.* 20.34; *mag.* 12.39). 영혼 혹은 이성으로서의 인간의 자기 정체성은 몸의 물리적 변화에 의해 결코 위협받지 않는다. 양초가 그 모양이 단단함에서 부드럽게 변해도, 하얀색에서 검은색으로 변해도, 둥근 모양에서 네모난 모양으로 변해도 여전히 양초인 것처럼 죽음이라는 몸의 물리적 변화가 영혼을 "무영혼"(no-soul)으로 만들 수는 없는 것이다(*imm. an.* 5.8-9). 영혼이 아무리 절대 무(無)를 향해 추락하며 진리를 이해하는 능력이 약화될 지라도 그것은 절대 거기에 도달할 수는 없다. 하나님에 의해 한번 창조된 이후에는 그 어떤 것도 완전히 없어지지는 않기 때문이다. "무를 향해 떨어지는 것이 소멸한다, 즉 그것이 실제로 무에 도달한다는 결론을 우리는 부정한다"(*imm. an.* 7.12; cf. *mor.* 2.9).

영혼은 또한 반대로 자신을 정화함으로써 하나님을 향해 상승의 운동을 할 수 있다. 《질서에 관하여》에 제시된 일곱 가지 학예 교육에 병

---

[41] 자연적 악이란 다름 아닌 "자연의 작용"(the workings of nature)일 뿐이라는 아우구스티누스의 견해에 대해서는 TeSelle, *Augustine the Theologian*, 216을 참고하라.

행하여 아우구스티누스는《영혼의 크기에 관하여》(*De quantitate animae*, 387-388)에서 영혼의 상승에 있어서의 일곱 가지 심리적 단계를 제시한다. (1) "생기"(animatio)는 동물과 식물 모두의 경우에 있어 신체를 살아있는 한 유기체로 만든다. (2) "감각"(sensus)은 촉각, 미각, 후각, 청각, 시각이라는 영혼의 능력을 가리킨다. (3) "기술"(ars)은 희랍어 테크네(τέχνη)의 라틴어 표기로서 문화, 문명, 그리고 예술을 건설할 수 있는 포괄적인 의미에서의 인간의 모든 제작능력을 가리킨다. (4) "덕"(virtus)은 영혼의 정화를 통해 도덕적 선함이 자리하게 되는 곳이다. (5) "평온"(tranquillitas)은 영혼의 정화된 상태가 계속 유지되는 것을 가리킨다. (6) "진입"(ingressio)은 영혼의 시선이 하나님에게만 집중하고 접근하기 시작하는 것을 가리킨다. (7) "명상"(contemplatio)은 또 하나의 단계가 아니라 영혼의 목적지 혹은 거주지를 말한다(*quant*. 33. 70-34.77). 영혼의 창조주 하나님만이 영혼의 진정한 집 혹은 거주지인 것이다(*quant*. 1.2). 이러한 일곱 단계의 사다리는 육체적인 것에서 영적인 것을 향하여 상승하는 영혼의 자기 정화를 위해 쓰여져야 한다. 또한 각각의 단계는 독특한 아름다움을 지니며 창조된 아름다움을 통해서 창조하는 아름다움을 향해 나아가는 영혼의 미학적 상승의 길이 된다. 아우구스티누스는 일곱 단계의 미학적 상승을 다음과 같이 부를 수도 있다고 한다.

> 혹은 이렇게도 말할 수 있다: '다른 것에 대해 아름답게'(beautifully of another), '다른 것을 통하여 아름답게'(beautifully through another), '다른 것 주변에서 아름답게'(beautifully about another), '아름다운 것을 향하여 아름답게'(beautifully toward a beautiful), '아름다운 것 안에서 아름답게'(beautifully in a beautiful), '아름다움 자체를 향하여 아름답게'(beautifully toward Beauty), 그리고 '아름다움 자체 안에서 아름답게'(beautifully in Beauty) 되는 것(*quant*. 35.79).
> Possunt et sic: pulchre de alio, pulchre per aliud, pulchre circa aliud, pulchre ad pulchrum, pulchre in pulchro, pulchre ad pulchritudinem,

pulchre apud pulchritudinem.

이 세계의 아름다움으로부터 지성세계의 아름다움 자체를 향한 영혼의 상승은 아우구스티누스가 일찍이 필로칼리아(미학)와 필로소피아(철학)를 대조시켰던 것과 일관성을 가진다. 아름다움의 유비가 있기에 영혼의 미학적 상승도 가능하다.

한편으로 이성과 다른 한편으로 신앙 혹은 교회 권위의 대조도 사도 바울의 "젖"의 메타포(*1 Cor.* 3:2; *quant.* 33.76)를 받아들이면서 한층 풍부하게 사유된다. 하나님의 섭리의 돌보심은 연약한 자를 양육하기 위하여 가시적인 것들, 상징들, 언어들, 창조된 아름다운 것들, 혹은 교회의 권위와 같은 젖으로 먹인다. 타락 이후에 연약해진 마음은 성서와 교회의 가르침을 포함해서 "권위의 친절한 그늘"을 필요로 하기 때문이다(*mor.* 1.11-13). 하나님의 그리스도 안에서의 성육신 그 자체도 상징적 중재를 필요로 하게 된 이런 타락 이후의 상황이라는 관점에서 조명되어진다. 우리가 공부를 통해 외적인 권위의 "구름"으로부터 "진리의 비"를 짜낸다고 한다면, 그리스도는 "가장 성스러운 복음의 비"를 풍성하게 은혜로 부어주기 위해서 "우리 육신의 구름"을 입으시었다(*Gn. adv. Man.* 2.4.5-2.5.6; *quant.* 33.76). 이처럼 영혼의 정화가 그 적절한 질서를 따라 이루어질 때, 우주의 만물은 하나님의 섭리와 정의에 의해 다스려진다는 것과 죽음이 불공평하게 우리에게 올 수는 없다는 것을 알게 됨으로 죽음의 공포가 극복된다. 영혼은 "자신의 힘과 아름다움의 모조품"일 뿐인 물질세계에서 자유롭게 되는 것이다. 마침내 영혼은 하나님의 아름다운 질서를 보게 되는데, "모든 만물들이 그것에 의해 존재하게 되었으며 그냥 존재하는 것이 아니라 더 이상 나을 수 없는 그러한 질서로 존재하게 되었다"(*quant.* 33.73). 형이상학적 악으로서의 죽음은 하나님에 대한 명상으로 극복되어진다.

마지막 셋째로, 도덕적 악과 관련하여 아우구스티누스는 《영혼의 크기에 관하여》(*De quantitate animae*)에서 처음으로 이른바 자신의 자유의지 신정론을 미학적 신정론 속으로 통합시키는 시도를 한다.[42] 도덕적 악의 기원은 인간의 자유의지 때문이다. 하지만 아우구스티누스는 그러한 자유의지의 오용조차도 섭리의 아름다운 정의를 벗어날 수 없음을 강조한다. 인간의 자유의지조차도 하나님의 아름다운 섭리의 질서 안에 위치하며 움직이는 것이다.

> 영혼이 가장 아름다우며 모든 사물의 모범이라고 하나님이 판단하셨기 때문이다. 그리고 모든 사물은 위계질서 안에서 잘 배치되어서, 보는 것들의 총체성을 고려하는 그 누구도 일부분에서 보기 흉한 결함 때문에 불쾌하게 되지는 않을 것이다. 그리고 영혼의 모든 처벌과 보상은 아름다운 정의(justa pulchritudo)와 모든 사물들의 질서에 상응하는 무언가를 기여해야 한다. 영혼에게는 진정 자유의지가 주어졌다. 헛된 사유로 그것을 훼손하고자 하는 자들은 너무도 눈이 멀어 자기 자신들의 의지로 그러한 부조리하고 불경한 언사들을 한다는 사실조차 이해하지 못한다. 그리고 자신의 자유의지의 선물을 무슨 방식으로 사용하든지, 영혼은 하나님의 질서와 법의 어떤 부분도 혼란스럽게 만들 수는 없다. 그것은 지혜가 넘치고 적수가 없는 모든 피조물의 주님에 의해 주어졌기 때문이다.··· 자신의 피조물이 어떤 의지의 태도를 가지든지 상관없이 하나님은 이 모든 것들을 정의롭게, 지혜롭게, 그리고 아름답게 이루신다

---

42) 플랜팅가와 그리핀은 아우구스티누스에 있어서 자유의지 신정론의 주도적인 위치를 강조한다. Alvin C. Plantinga, *God, Freedom, and Evil* (Grand Rapids, Michigan: Eerdmans, 1977), 26-27; David Ray Griffin, *God, Power, and Evil* (Philadelphia: Westminster Press, 1976), 55-71. 반면 오코넬, 힉, 아담스는 자유의지 신정론이 아우구스티누스의 조화의 미학적 신정론 '안에' 위치하고 있으며, 미학적 신정론이 자유의지 신정론에 비해 오히려 신학적이고 논리적인 우위성을 차지한다고 주장한다. O'Connell, *Art and the Christian Intelligence*, 62; John Hick, Evil and the God of Love (San Francisco: Harper & Row, 1977), 37-198; Marilyn McCord Adams, *Horrendous Evils and the Goodness of God* (Ithaca and London: Cornell University Press, 1999), 34. 필자는 후자의 견해를 따르고 있다. 필자는 아우구스티누스가 주교로서 활동하는 목회적 상황에서는 자유의지 신정론을 강조하지만, 자유롭게 사변적인 문제를 성찰하는 신학자 개인의 자격으로는 미학적 신정론을 보다 선호했다고 판단한다.

(*quant.* 36.80).

Id enim judicavit esse pulcherrimum, ut esset quidquid est, quomodo est; et ita naturae gradibus ordinaretur, ut considerantes universitatem nulla offenderet ex ulla parte deformitas; omnisque animae poena et omne praemium conferret semper aliquid proportione justae pulchritudini, dispositionique rerum omnium. Datum est enim animae liberum arbitrium, quod qui nugatoriis ratiocinationibus labefactare conantur, usque adeo caeci sunt, ut ne ista ipsa quidem vana atque sacrilega propria voluntate se dicere intelligant. Nec tamen ita liberum arbitrium animae datum est, ut quodlibet eo moliens, ullam partem divini ordinis legisque perturbet. Datum est enim a sapientissimo atque invictissimo totius creaturae Domino....[O]mnia tamen Deus justissime, moderatissime, pulcherrime facit, quoquo modo sese haberevoluerint de quibus facit.

비록 도덕적 악에 있어 그 어떤 변명도 있을 수 없지만, 하나님은 이런 사악한 행동들조차도 전체 우주의 정의로운 질서를 위해 사용하신다. 하지만 자유의지와 하나님의 섭리의 공존 가능성에 대한 아우구스티누스의 사유는 여기서 더 발전되지 않고, 나중에 일년 정도 후에 쓰여진 《마니교도를 논박하는 창세기에 관하여》(*De Genesi adversus Manicheos*, 388-389)에서 보다 자세히 다루어진다.

아우구스티누스는 인간의 자신들의 죄에 대한 책임을 변명으로 면제시켜주지 않는다. 그는 아담에게서 하나님이 자신에게 준 여인을 비난함으로써 자신의 죄를 하나님의 책임으로 돌리려는 인류의 익숙하지만 헛된 시도를 발견한다. 아담은 "하나님이 죄를 지었고 자기 자신은 결백하다"는 것을 증명하기를 원한다(*Gn. adv. Man.* 2.17.25). 아우구스티누스는 여기서 아담의 책임을 면제시켜주기는커녕 삼중적 죄의 구조에 대한 분석을 처음으로 제공한다. 죄는 "교만"(superbia), "욕정"(concupiscentia), 그리고 "호기심"(curiositas)에서 생겨나는 것이다(*Gn. adv. Man.* 1.23.40; 2.17.26-2.18.27; 2.26.40). 영혼의 죄는 인간 육체의 피할 수 없는 죽음을 가져왔을 뿐 아니라 인간이 아닌 다른 피조물들조차 피해를 보게 만들었다(*Gn. adv. Man.* 1.16.26; 2.7.8). 하지만 그럼에도 죄는 섭리의 질서를 교란시키지 않으며 오히려 "징벌, 훈련, 혹은 경외"의 기회를 제공하게 된다(*Gn. adv. Man.* 1.16.26). 죄와 벌의 균형이 바로 하나님의 아름다운 정의를 드러내게 된다. 이미 키케로가 말했듯 "정의란 각자에게 각자의 몫을 주는 것이다"(*Gn. adv. Man.* 2.27.41; cf. Cicero, *De officiis* 1.15).《질서에 관하여》에 이미 제시되었던 리센티우스의 "대조"(對照, contrast)의 미학적 신정론이 여기서 인류의 서로 다른 두 궁극적 운명이라는 강렬한 우주적 대조로서 반복된다. 하나님께 집중하는 영혼의 내향성을 훈련하는 자들은 이 세상이 끝날 때까지 고통당하고 수고할지 모르나, 이 세상 이후에 그들은 더 이상 수고치 않을 것이다. 하지만 이러한 수고를 하지 않는 자들은 이 세상에서 징벌을 피하는 것처럼 보이지만, 죽음 후에 "정화의 불 혹은 영원한 징벌"을 받게 될 것이다(*Gn. adv. Man.* 2.20.30). 영혼에 대한 모든 보상과 모든 징벌은 우주의 대조적 조화와 아름다운 정의에 기여하게 된다. 아우구스티누스의 자유의지 신정론의 핵심이 이미 여기에서 발견된다. 영혼은 자유롭게 죄를 지으며, 하나님은 공평하게 심판하신다는 것이다.

하지만 우리는 죄의 기원에 대한 인간학적 설명이 아우구스티누스의 신정론 전부는 아니라는 사실을 기억해야 한다. 또한 몇몇 남아있는 문제들이 대답되어야 한다. 하나님의 징벌이란 영혼의 예상치 않은 범죄가 우주적 질서를 깨뜨리지 않도록 다시 균형잡기 위해 조치하는 일종의 응급 처방인가? 하나님은 그것을 미리 몰랐을까? 혹은 하나님이 미리 알았다면 우주의 대조적 아름다움을 위해 그러한 죄악을 의도하였다고 볼 수도 있지 않는가? 아우구스티누스는 하나님의 능력과 선하심을 제한시키는 마니교적 해결책을 이미 거부한 상태이다. 아우구스티누스는 필자가 아는 한 하나님이 그것을 미리 몰랐다고 한 번도 말하지 않는다. 왜냐하면 몰랐다가 알게 되는 것은 일종의 변화로서 하나님의 전지성과 변화불가능성을 훼손시키기 때문이다. 또한 아우구스티누스는 하나님이 악을 의도했다고 한 번도 말하지 않지만, 하나님이 선악의 아름답고 정의로운 우주적 풍경을 의도했다고는 제안하는 듯하다.

신정론의 논의에 있어서 악에 대한 하나님의 선지(先知, foreknowledge)의 문제는 창조의 바로 그 순간이 조금 지나자 말자 몇몇 영혼들이 즉각 타락하게 될 것을 알았음에도 왜 하나님은 도대체 창조하기로 결심했는가 하는 질문을 필연적으로 묻게 만든다. 마니교도들이 즐겨 물었듯이 "왜 그는 영원한 시간 동안 이전에 만들지 않았던 것을 갑자기 만들기로 결심한 것인가?" 아우구스티누스는 두 가지 대답을 제시한다. 첫째, 하나님의 지식과 앎에 시간성을 적용할 수 없다. 둘째, 하나님의 의지는 모든 것들의 궁극적 존재 이유이며 그 배후에는 추가적인 어떤 이유도 없고 다만 무가 있을 뿐이다. 아우구스티누스는 하나님이 시간 너머에 있고, 시간이 하나님 너머에 있지는 않다는 것을 분명히 한다. 왜냐하면 "하나님이 시간도 또한 만들었기 때문이다." 따라서 아우구스티누스는 창세기 1장 1절의 "태초에 하나님이 천지를 창조하셨다" (in principio creavit Deus caelum et terram)는 구절이 이미 존재하던 시간 안에서의 우주의 시작을 가리키는 것이 아니라 창조의 원리 ("principio")인 그리스도 안에서의 시작을 가리키는 것으로 해석한다 (*Gn. adv. Man.* 1.2.3; cf. *conf.* 11.13.15). 시간도 피조된 존재이며 시간을 초월하시는 하나님을 굳이 시간과 관련시킨다면 하나님은 시간 전에, 시간 안에, 그리고 시간 후에 계시는 분이다. 이처럼 아우구스티누스가 하나님의 지식을 시간적 관점에 관련시켜 서술할 때에만 하나님이 전체 피조물을 마음 속에 미리 아셨다고 말한다.[43] 장인 혹은 예술가가 자신이 만들 것을 미리 마음 속에 가지고 있다가 실제로 만드는 작업을 하는 것처럼, 하나님도 창조 이전에 미리 마음 속에 온 우주를 알고 있었다는 것이다(*Gn. adv. Man.* 1.8.13). 완성된 우주의 아름다움을 보고

---

43) 《고백록》에 나오는 시간과 영원에 대한 유명한 대조에서 아우구스티누스는 "시간 안의 사건들에 대한 당신의 바라보심은 시간적으로 제한될 수 없는 것입니다"라고 한다 (*conf.* 11.1.1).

하나님이 매우 기뻐하셨다는 것이 하나님의 지식에 어떤 추가적으로 더해진 변화가 생겨났다는 것을 의미하지는 않는다. 하지만 어떻게 미리 알고 있는 것을 진정 기뻐할 수 있는가? 그리고 기뻐한다는 것은 마음의 변화를 가리키는 것이 아닌가? 아우구스티누스는 이 난제를 풀기 위해 일종의 흥미로운 원인(cause)과 결과(effect)의 환유법(換喩法 metonymy)을 제시한다.

> 만약 "빛이 보기에 좋다고 하나님이 경탄했다"고 한다면, 마니교도들은 얼마나 좋아 외칠까! 어떻게 그럴 수 있냐고 그들은 논쟁할 것이다! 경외(admiratio)란 예상치 않는 것들에서 일어나기 때문이다. 하지만 우리 주 예수 그리스도가 신자들의 신앙에 놀랍게 여기셨다는 것을 그들도 복음서에서 읽고 찬양하지 않았던가?[44] 그들의 신앙에 경탄한 그리스도가 아니라면, 그리스도 외에 누가 그들의 신앙을 일으킬 수 있단 말인가? 만약 다른 이가 신앙을 일어나게 만들었다고 해도, 왜 그것을 미리 알고 있던(praescio) 자가 경탄을 한단 말인가? 만약 마니교도들이 이 질문을 풀 수 있다면, 앞의 질문도 또한 풀려진다는 것을 보게 될 것이다.···우리 주님이 경탄했다는 것은 우리가 경탄해야 한다는 것을 의미한다. 왜냐하면 우리는 아직 이런 방식으로 감동받아야 할 필요가 있기 때문이다. 따라서 그의 모든 그러한 감정들은 혼란스러운 마음을 드러내는 표시가 아니라 가르치는 선생의 표시인 것이다(*Gn. adv. Man.* 1.8.14).
>
> Quid si dictum esset, Miratus est Deus lucem quia bona est? quantum clamarent? quantum litigarent? Admiratio enim revera de rebus insperatis nasci solet, et tamen legunt isti, et laudant Dominum nostrum Jesum Christum in Evangelio admiratum esse fidem credentium. Quis autem in illis fecerat ipsam fidem, nisi ipse qui eam mirabatur? Quod si et alius eam fecisset, utquid miraretur, qui praescius erat? Si solvunt Manichaei quaestionem istam, videant quia et illa solvi potest....Quod enim miratur Dominus noster, nobis mirandum esse significat, quibus

---

44) 마태복음 3:10.

adhuc est opus sic moveri. Omnes ergo tales motus ejus non perturbati animi sunt signa, sed docentis magistri.

우주에 대한 하나님의 영원한 지식에 있어서 예상치 않게 갑작스런 놀라움과 경탄이란 있을 수 없다(cf. *conf.* 13.4.5; *div. qu.* 22; civ. *Dei* 11.21).[45] 하나님은 오직 우리가 우주의 탄생을 경이롭게 여겨야 한다는 것을 가르치고자 의도한 것이다. 하나님은 놀라움의 결과에 속하는 것이 아니라 놀라움의 원인에 속함에도 불구하고, 인간들에게 놀라움의 결과를 가르치기 위해 마치 스스로를 놀라움의 결과처럼 표현하였다는 논지이다. 바로 이러한 하나님의 선지성과 전지성의 사상 때문에 아우구스티누스는 도덕적 자유의지 신정론을 미학적 조화의 신정론 속에 위치시켜야 했다고 필자는 추측한다. 터셀도 다음과 같은 동일한 의견을 제시하고 있다. "아우구스티누스는 의지가 자유롭게 행사되었고 그러한 의지의 결함 자체는 어떠한 이유나 원인도 가지지 않는다는 대답에 머무르지 않았다. 그러한 설명을 넘어서 그는 우주의 완전성 혹은 풍부함(plenitude)이 그 유한성으로 인해서 하나님에게 집중할 수도 혹은 그에게서 떨어져 나갈 수도 있는 가능성을 가지는 자유로운 피조물을 요구한다고 주장한다."[46] 아우구스티누스는 악의 기원으로서의 인간의 자유로운 의지의 궁극성을, 다시 한번 선과 악을 함께 포함해서 아름다운 우주의 원

---

45) 바로 이런 이유로 하나님의 선지성에 기초한 창조를 몇몇 현대의 신정론자들은 창조(creation)라는 표현 대신에 실현(actualization)이라고 하는 것이 보다 정확하다고 생각한다. 이러한 하나님의 영원한 선지(先知)와 전지(全知)의 사상은 과정신학이나 헤겔의 철학적 신학으로부터 아우구스티누스의 고전적인 신플라톤주의적 신학을 구분하는 중요한 차이점 중의 하나이다. 아우구스티누스는 하나님의 지식의 불변성을 평생 고수하였다. 죽음을 얼마 앞두고 마친 《신국론》에서도 그는 플라톤을 비판하며 여기에서와 동일한 논지로 하나님이 세계를 아름답다고 한 것은 그 아름다움을 "배우신"(disco) 것이 아니라 우리에게 "가르치신"(doceo) 것이라고 주장한다. 왜냐하면 "하나님의 지식은 우리의 지식처럼 현재형, 과거형, 혹은 미래형이라는 세 가지 시제(時制)에 따라 달라지는 것은 아니기 때문이다"(civ. *Dei* 11.21).

46) TeSelle, *Augustine the Theologian*, 167.

인으로서의 하나님의 자유로운 의지의 궁극성 속에 위치시켜야 했다. 따라서 아우구스티누스의 자유의지 신정론이 미학적 신정론에 대립되는 설명이 아니라 오히려 일부분으로 작용하는 것이다. 이단자들의 예를 들어보자. 그들은 자유롭게 스스로 신학적 오류에 빠지게 되었다. 하지만 흥미롭게도 아우구스티누스는 하나님이 많은 이단들조차도 존재하도록 허락하시어서 우리로 하여금 게으름을 피우지 말고 보다 성서의 연구에 매진하도록 섭리하신다고 주장한다(Gn. Adv. Man. 1.1.2). 결론적으로 말해서 아우구스티누스의 도덕적이고 미학적인 두 가지 신정론은 모두 하나님의 의지의 형이상학적 궁극성에 기초하고 있다.

만약 그들이 "왜 하나님은 천지를 만들기로 결심했는가?" 물으면 우리의 대답은 이러할 것이다. 하나님의 의지를 알고자 원하는 자들은 인간의 의지의 힘에 대해 먼저 배워야만 한다. 하나님의 의지 자체가 모든 존재하는 것들의 원인임에도 불구하고 그들은 하나님의 의지의 원인을 알고자 한다. 만약 하나님의 의지가 원인을 가진다면 하나님의 의지를 선행하고 능가하는 어떤 것이 있다고 주장하는 것이며, 우리는 그것을 믿지 않는다. 따라서 만약 누가 "왜 하나님은 천지를 만들었는가?" 물으면 우리는 "하나님이 원했기 때문이다"라고 대답한다. 하나님의 의지는 천지의 원인이며, 따라서 천지보다도 더 큰 것이다. 만약 누가 "왜 하나님은 천지를 만들려는 의지를 가졌는가?" 물으면 그는 하나님의 의지보다 더 큰 무엇을 찾고 있는 것이다. 하지만 그 무엇도 발견되지 않을 것이다(Gn. adv. Man. 1.2.4).
Si ergo isti dixerint, Quid placuit Deo facere coelum et terram? respondendum est eis, ut prius discant vim voluntatis humanae, qui voluntatem Dei nosse desiderant. Causas enim voluntatis Dei scire quaerunt, cum voluntas Dei omnium quae sunt, ipsa sit causa. Si enim habet causam voluntas Dei, est aliquid quod antecedat voluntatem Dei, quod nefas est credere. Qui ergo dicit, Quare fecit Deus coelum et terram? respondendum est ei, Quia voluit. Voluntas enim Dei causa est coeli et terrae, et ideo major est voluntas Dei quam coelum et terra. Qui autem dicit, Quare voluit facere coelum et terram? majus aliquid

quaerit quam est voluntas Dei: nihil autem majus inveniri potest.

아우구스티누스는 인간의 의지를 부정하는 것이 아니라 그것이 하나님의 의지를 배우는 첫 단계로 존중한다는 것을 분명히 한다. 인간의 의지가 그 적합한 인간학적 질서 속에서 일종의 유비적 궁극성을 가지는 것처럼, 하나님의 의지는 라이프니츠가 철학의 첫번째 물음이라고 여긴 "왜 존재가 있고 무가 아닌가?"에 대한 궁극적 대답이다.[47] 아름다운 우주의 창조를 포함해서 모든 것들에 대한 신학적 설명의 궁극적 끝은 하나님의 의지이며 이보다 더 큰 추가적 원인이란 있을 수 없다. 터셀의 해석에 따르면 "하나님의 의지는 항상 무엇이 일어날 것인지에 대한 궁극적인 척도이다.···인간의 결정들이 고려되고 자유가 폭력적으로 파괴되지 않는다는 사실이 곧 인간과 인간의 자유가 가장 중요한 역할을 한다는 것을 의미하지는 않는다."[48]

예를 들어 신학적 문법은 하나님의 의지의 궁극성을 이렇게 표현할 수도 있을 것이다. 아름다움이 하나님의 의지를 강제할 수 없으며, 하나님의 의지가 아름다움을 창조하는 것이다; 우주가 아름답기 때문에 하나님이 우주를 창조한 것이 아니라, 하나님이 그것을 창조하였기에 우주는 아름답다; 그 속의 가슴 아픈 비극과 악에도 불구하고 아름답다. 바로 이런 방식이 대조적 조화 혹은 총체성이라는 아우구스티누스의 미학적 신정론이 지향하는 신학적 문법인 듯하다. 필자는 아우구스티누스가 하나님이 왜 우주를 창조하였고 또한 그 속의 악을 허락하는지 그 이유를 안다고 주장하는 것으로 보지 않으며, 대신 '기독교의 삼위일체론적 신학의 틀 속에서 우주에 대한 신앙의 현상학적 기술을 시도하고 있다고 본다. 악의 문제에 있어서 하나님의 의지의 궁극성을 인정하는 것과

---

47) Leibniz, "Principles of Nature and Grace, Based on Reason"(1714), sec. 7. G. W. Leibniz, *Philosophical Essays,* trans. Roger Ariew and Daniel Garber (Indianapolis & Cambridge: Hackett Publishing Company, 1989), 210을 보라.

48) TeSelle, *Augustine the Theologian,* 326-327.

하나님의 의지의 이유를 실제로 안다고 주장하는 것은 별개의 문제이다.[49] 오코넬은 "세계가 섭리의 돌보심에 의해 보살펴진다는 이러한 인식은 일종의 신앙(信仰 faith)의 인식이며…여기서 미학적 유비물(美學的 類比物 aesthetic analogue)은 그의 회심의 기나긴 노동이라는 내적 작용에 있어 특권적인 위치에서 빛을 비추었다"고 보며 이것을 아우구스티누스의 "신앙의 미학(aesthetics of belief)"이라고 부른다.[50] 아우구스티누스는 신앙의 눈으로 본 우주의 질서를 묘사하고 있는 것이다. 이러한 맥락에서 우리는 아우구스티누스가 《미니교도를 논박하는 창세기에 관하여》(De Genesi adversus Manicheos, 388-389)에서 "치수(measure), 숫자(number), 질서(order)"라는 삼위일체적 존재론을 최초로 소개하고 있는 것을 보게 된다. 아우구스티누스의 현상학적 기술의 핵심은 우주가 치수, 숫자, 질서로 아름답게 조화를 이루고 있다는 것이다. 이러한 생각은 그리스 철학, 특히 피라고라스학파 미학의 영향으로 볼 수도 있지만, 그 결정적인 역할을 한 것은 성서의 「지혜서」 11:20이다: "주님은 모든 것을 잘 재고, 헤아리고, 달아서 처리하셨다"(sed omnia mensura et numero et pondere disposuisti). 아우구스티누스는 이러한 지혜서의 삼중적 존재론(치수-숫자-무게)을 발견한 후 그의 저작들에서 이

---

49) 바로 이런 이유에서 필자는 플랜팅가의 다음과 같은 진술에 동의하지 않는다: "아우구스티누스는 악을 허용하는 하나님의 이유가 실제로 무엇인지 우리에게 말하려고 한다. 간단히 말해 그는 하나님이 악을 허용함으로써 보다 완전한 우주를 만들 수 있다고 주장한다." Plantinga, *God, Freedom, and Evil*, 27. 필자는 아우구스티누스가 강한 의미에서의 신정론(theodicy)이 아니라 플랜팅가가 사용하는 의미에서 "방어"(defense)를 제공하고 있다고 해석한다. 하지만 신정론과 방어라는 이러한 구분은 오직 잠정적으로만 도움을 줄 뿐이다. 왜냐하면 어느 누구도 실제로 하나님이 세상에 악을 허용하는 정확한 이유를 안다는 의미에서의 신정론을 주장할 만큼 용감하지는 않을 것이기 때문이다. 아우구스티누스의 대조적 조화의 논리조차도 우리가 실재 속에서 일어나는 것들을 미학적으로 관찰한 후 추사유(after-thought) 혹은 현상학적 기술을 한 것이다. 그러나 실재는 하나님의 의지의 궁극성 위에 기초하고 있으며 누구도 그 깊은 심연을 볼 순 없다.

50) O'Connell, *Art and the Christian Intelligence*, 159, 161.

를 다양한 공식들을 통해 사용한다.[51] 아우구스티누스는 다소 자유롭게 세 존재론적 요소들에 대해 다음과 같이 여러 가지로 언급한다.

(1) 치수-숫자-무게(mensura-numerus-pondus, measure-number-weight): *Gn. litt* 4.3.7-4.6.12; *nat.* b. 21; c. *Faust.* 20.7; *Trin.* 11.11.18.

(2) 한도-형태-질서(modus-species-ordo, limit-form-order): *nat.* b. 3; *civ. Dei* 11.15.

(3) 치수-숫자-질서(mensura-numerus-ordo, measure, number-order): *Gn. Adv. Man.* 1.16.26; *lib. arb.* 2.20.54; c. *Faust.* 20.7.

(4) 통일성-숫자-질서(unitas-numerus-ordo, unity-number-order): *mus.* 6.17.56.

(5) 통일성-형태-질서(unitas-specie-ordo, unity-form-order): *Trin.* 6.10.12.

(6) 존재-형태-질서(esse-species-ordo, existence-form-order): *vera. rel.* 7.7.13.

또한 아우구스티누스는 삼중적 존재론과 삼위일체론적 신론을 최초로 서로 연관시킨 신학자이다. 여기서 존재의 유비가 신론을 가능케 한 것이다. 아우구스티누스는 피조된 존재가 삼중적 질서를 가지고 있다면, 이러한 질서의 흔적을 남긴 창조주의 존재도 또한 삼중적 질서를 가지고 있을 것이라고 추측한다. 이런 의미에서 아우구스티누스는 신학사에 있어 존재의 유비(analogia entis) 사상의 아버지이다. "이러한 모든 것들이 하나님의 불변하고 영원한 숭엄(崇嚴) 안에 존재하는 가장 지고한 치수, 숫자, 질서에서 유래하지 않는다고 한다면, 도대체 어디에서 오는지 이해할 수 없다"(*Gn. adv. Man.* 1.16.26). 이를 터셀은 다음과 같은 분석을 제시한다. "얼마 후 아우구스티누스는 하나님이 모든 사물들을 치

---

51) Cf. Roche, "Measure, Number, and Weight in Saint Augustine," 350-376.

수와 숫자와 무게에 따라 질서를 부여하셨다는 것을 언급하는 지혜서의 어떤 부분(11:21)을 발견하게 된다. 처음부터 이러한 삼중적 존재론은 신성한 삼위일체와 관련되었다(cf. *De Gen. c. Man.*, I, 16, 26). 이 본문을 삼위일체론의 맥락에서 사용한 예는 아우구스티누스 이전에는 어디에서도 발견되지 않는다. 그가 이러한 생각을 독자적으로 발전시킨 듯하다."[52] 해리슨도 또한 아우구스티누스의 《창세기의 문자적 해석에 관하여》(*De Genesi ad litteram*, 4.3.7)를 해석하며 사물들에 한계를 설정하는 치수를 재는 행위, 형태를 부여하는 숫자의 기능, 무게에 의한 안정된 질서의 획득과 같은 기능들이 삼위일체 하나님의 성부, 성자, 성령 각각의 위체와도 관련될 수 있다는 삼위일체론적 신론의 함의를 제안한다.[53]

삼중적 존재론과 삼위일체론의 관계를 구체적으로 보도록 하자. 첫째 요소는 "치수", "한도", "통일성", "존재" 등으로 언급되는데 간단하게 설명하자면 플라톤주의에서 말하는 형태없는 원초적 물질에 가깝다고 볼 수 있다. 공간과 시간과 정도 등에 있어서 이러한 물질은 한도 혹은 한계를 지니는 유한한 것으로 형태를 부여받을 수 있는 특징을 가진다. 또한 플라톤주의와는 달리 아우구스티누스는 이러한 원초적 물질이 절대적인 무로부터 창조된 것이고 그 창조자는 "최고의 한도"(*summus modus*)가 되시는 삼위일체의 성부 하나님이라고 이해한다(*b. vita* 34).[54] 둘째 요소는 "숫자" 혹은 "형태"로서 원초적 물질에 아름다운 수학적 형상 혹은 개별적 모양을 부여하는 원리이다. 형태없이 무차별적이던 원초적 물질은 이러한 형태 혹은 형상을 부여받음으로써 개개의 독특한 사물 혹은 종(種 species)이 되는 것이다. 그리고 삼위일체의 성자 하나님은 여기서 이러한 개체의 형태, 종, 개별성, 수학적 아름다움을 부여하는 분으로 이해된다. "형태(species)는 특히 성자의 특성으로 여겨진다"(*ep.*

---

52) TeSelle, *Augustine the Theologian*, 118.
53) Carol Harrison, *Beauty and Revelation in the Thought of Saint Augustine* (Oxford: Clarendon Press, 1992), 103.
54) Balthasar, *Glory of the Lord*, 2:118-119.

11.4). 셋째 요소는 "무게" 혹은 "질서"로서 선한 창조의 궁극적 목적성 혹은 방향성을 가리킨다. 무게란 존재의 거대한 질서에서 자신의 적합한 자리에 찾아가서 육중하게 위치함으로써 존재의 쉼과 하나님 안에서의 평화를 가리키는 것이다. 이러한 우주적 조화의 성취는 삼위일체의 성령 하나님의 활동이다. 발타자의 해석에 따르면 "위에서 묘사된 삼위일체의 그림에서 이러한 두 측면들[아우구스티누스의 《아름다움과 적합성에 관하여》의 아름다움과 적합성이라는 두 측면들]은 형태(forma)로서의 성자와 보편적 질서(ordo universi)로서의 성령에 상응한다. 성자는 인간이 되면서 개인의 형태를 가지게 되었고, 성령은 그러한 성자의 아름다움과 구속된 우주를 조화시키게 된다."[55] 존재, 인간의 영혼, 미학적 아름다움 모두 삼위일체 하나님의 흔적이며 자국인 것이다.

우주는 이처럼 거대한 존재의 아름다운 사슬을 형성하고 있다. 그 핵심 비밀인 치수·숫자·질서의 삼중적 존재론은 창조된 존재에 남긴 창조주 삼위일체 하나님의 유비적 "흔적"(vestigium)이다. 여기서 아우구스티누스는 그의 신학적 미학이 기초하고 있는 존재의 유비(analogia entis), 즉 존재의 다양한 차원들을 통해서 하나님 존재의 증거를 발견하게 된다. 발타자에 따르면 "존재의 내적 질서는 창조자이며 질서자이신 하나님의 초월적 자유를 보는 동일한 봄에 의해서 인식된다."[56] 나중에 원숙해진 아우구스티누스는 《삼위일체에 관하여》(*De Trinitate*, 399-426)에서 성서의 삼위일체론적 존재론을 이렇게 설명하고 있다.

> 따라서 하나님의 예술이 창조한 이런 모든 것들은 어떤 일종의 통일성, 형태, 질서를 그 자신들 안에서 드러낸다.…그러므로 우리가 하나님이 만드신 만물을 통해서 창조자를 바라보게 되는 것처럼[로마서 1:20], 그의 피조물에 적합한 방식으로 드러나는 [삼중적] 흔적을 통해서 삼위일

---

55) Balthasar, *Glory of the Lord*, 2:116. 아우구스티누스의 형이상학, 심리학, 미학의 삼위일체론적 이해에 대해서는 같은 책 134를 참조하라.
56) Balthasar, *Glory of the Lord*, 2:109.

체를 이해해야 한다. 그러한 지고의 삼위일체 안에 모든 사물들의 기원과 가장 완벽한 아름다움과 온전히 축복받은 즐거움이 놓여있는 것이다 (*Trin*. 6.10.12).

Haec igitur omnia, quae arte divina facta sunt, et unitatem quamdam in se ostendunt, et speciem, et ordinem....Oportet igitur ut Creatorem, per ea quae facta sunt, intellectum conspicientes, Trinitatem intelligamus, cujus in creatura, quomodo dignum est, apparet vestigium. In illa enim Trinitate summa origo est rerum omnium, et perfectissima pulchritudo, et beatissima delectatio.

하지만 이러한 완전한 우주의 아름다움에 동의한다는 것이 악에 대한 하나님의 의지의 이유를 이해한 것은 아니다. 따라서 아우구스티누스의 무지(無知)의 신학적 인간학이 기독교 신앙으로 본 우주의 현상학적 그림으로서의 그의 미학적 신정론과 필연적으로 대립되는 것은 아니다. 오히려 사실 이 둘은 서로가 서로를 지지하고 있다.

만약 기술에 대해 전혀 무지한 이가 어떤 한 장인의 작업장을 방문한다면 그는 어디에 사용되는지 알 수 없는 수많은 도구들을 보게 될 것이다. 그리고 그가 꽤 어리석다면 그런 도구들을 불필요한 것으로 여길 것이다. 더군다나 그가 부주의해서 화덕에 넘어지거나 날카로운 철제 도구를 잘못 다루다가 상처를 입게 된다면 그는 작업장 안에 위험하고 해로운 것들이 많이 있다고 생각할 것이다. 하지만 장인은 그러한 도구들의 필요성을 알기에 방문자의 어리석음을 비웃으며 그의 무지한 말들에 더 이상 신경 쓰지 않고 바로 일을 계속할 것이다.···그러나 하나님이 창조자와 통치자가 되시는 이 세계 안에서도 그들은 자신들이 그 이유와 필요성을 알지 못하는 많은 것들에 대해 감히 비난하며, 전능한 예술가의 작업들과 도구들에 대해 자신들이 알지 못하는 것을 마치 아는 것처럼 보여지기를 원한다(*Gn. adv. Man*. 1.16.25).

왜 쥐들과 개구리들, 파리들과 애벌레들이 만들어졌는지 내가 모른다는 것을 난 고백한다. 하지만 난 비록 우리들의 죄 때문에 많은 것들이 우리에게 적대적으로 보이기는 하지만 모든 것들이 그 종류에 따라 아름다운 것을 본다. 왜냐하면 내가 살아있는 동물들의 몸과 부분을 관찰할 때 그 몸의 조화로운 통일성에 기여하는 치수(mensura), 숫자(numero), 그리고 질서(ordo)가 발견되지 않은 동물들이 없었다. 이러한 모든 것들이 하나님의 불변하고 영원한 숭엄(崇嚴) 안에 존재하는 가장 지고한 치수, 숫자, 질서에서 유래하지 않는다고 한다면 도대체 어디에서 오는지 이해할 수 없다(Gn. adv. Man. 1.16.26).

Si enim in alicujus opificis officinam imperitus intraverit, videt ibi multa instrumenta quorum causas ignorat, et si multum est insipiens, superflua putat. Jamvero si in fornacem incautus ceciderit, aut ferramento aliquo acuto, cum id male tractat, seipsum vulneraverit, etiam perniciosa et noxia existimat ibi esse multa. Quorum tamen usum quoniam novit artifex, insipientiam ejus irridet, et verba inepta non curans, officinam suam instanter exercet....[I]n hoc autem mundo cujus conditor et administrator praedicatur Deus, audent multa reprehendere quorum causas non vident, et in operibus atque instrumentis omnipotentis artificis volunt se videri scire quod nesciunt.

Ego vero fateor me nescire mures et ranae quare creatae sint, aut muscae aut vermiculi: video tamen omnia in suo genere pulchra esse, qua propter peccata nostra multa nobis videantur adversa. Non enim animalis alicujus corpus et membra considero, ubi non mensuras et numeros et ordinem inveniam ad unitatem concordiae pertinere. Quae omnia unde veniant non intelligo, nisi a summa mensura et numero et ordine, quae in ipsa Dei sublimitate incommutabili atque aeterna consistunt.

여기서 아우구스티누스는 세상에 악을 허용하는 하나님의 의지의 진짜 이유에 대해 자신이 무지하다는 사실을 분명 인정하면서도, 동시에 자신이 우주의 아름다운 하모니와 통일성을 현상학적으로 관찰할 수 있다는 주장을 굽히지 않는 것을 볼 수 있다. 이처럼 무지의 인간학과 조화의 미학적 신정론이 공존하고 있는 것이다. 성서의 지혜서 11:20과 피타고라스학파를 따라 그는 우주의 아름다움의 핵심을 치수, 숫자, 질서라고 한다. 그리고 아우구스티누스는 이러한 수학적 존재론이 그 뿌리에 있어 자신의 수사학자로서의 미학적 경험에 기인한다는 것을 또한 유명한 연설의 예를 통해 드러내고 있다. 아우구스티누스에게 있어 존재, 인간, 우주뿐 아니라 학문도 그 전체의 총체적 조화 때문에 아름답다. 그에게 수사학적 연설이란 전체 우주의 우화이며 상징이다.

> 왜냐하면 부분들로 이루어진 모든 아름다움은 어떤 한 부분보다 그 전체로서 보다 더 칭송을 받는다.…통합과 통일의 힘과 능력은 너무도 크기 때문에 많은 좋은 것들이 조화되고 일치되어 전체를 이룰 때에 보다 즐거움을 준다. 전체(universum)는 그 이름이 통일성(unitas)에서 기인한 것이다.…만약 잘 다듬어지고 배열된 연설에서 우리가 말하자 말자 없어져 버리는 개별적인 음절들이나 혹은 개별적인 글자들만 주목한다면, 그 연설에서 무엇이 즐거움을 주고 칭송을 받아야 하는지 발견하지 못할 것이다. 왜냐하면 개별적인 음절들이나 개별적인 문자들이 아니라, 그 부분들 모두 때문에 연설 전체가 아름다운 것이다(*Gn. adv. Man.* 1.21.32). Omnis enim pulchritudo quae partibus constat, multo est laudabilior in toto quam in parte....Tanta est vis et potentia integritatis et unitatis, ut etiam quae multa sunt bona tunc placeant, cum in universum aliquid conveniunt atque concurrunt. Universum autem ab unitate nomen accepit....Quia etiam in sermone aliquo ornato atque composito si consideremus singulas syllabas, vel etiam singulas litteras, quae cum sonuerint statim transeunt, non in eis invenimus quid delectet atque laudantum sit. Totus enim ille sermo non de singulis syllabis aut litteris, sed de omnibus pulcher est.

아우구스티누스는 자신의 수사학적 연설의 예를 가지고 하나님조차도 따라야 하는 어떤 영지주의적 혹은 형이상학적 진리를 발견했다고 주장하는 것이 아니다. 그 어떤 것도 하나님 의지의 궁극성보다 더 궁극적일 수는 없다. 다만 그는 여기서 자신이 수사학의 학문에서 경험한 여러 대조적 요소들의 전체적 통합이 가져오는 미학적 효과를 설명하고, 여기에서 출발하여 일종의 신앙의 유비적 희망을 통해 이러한 아름다움이라는 미학적 효과를 전체 우주에 형이상학적으로 확장시키고 있는 것이다. 이러한 우주와 연설의 유비를 통해 아우구스티누스가 전하고자 하는 핵심은 우리가 우주의 총체적 아름다움을 볼 수는 '없다'는 것이다. 왜냐하면 연설 속에서 스쳐 지나가는 낱낱의 소리처럼 우리도 또한 시간 속에서 스쳐 소멸하고 있기 때문이다. 전체는 오직 하나님만이 볼 수 있다. 이 때문에 아우구스티누스의 신정론은 형이상학적 지식이 아니라 오히려 신앙의 희망을 드러낸다. 아우구스티누스는 자신의 이러한 신앙의 부정신학(不定神學 negative theology)을 유명하게도 다음과 같이 표현하고 있다. "만약 당신이 그것을 이해했다면, 그것은 하나님이 아니다 (Si enim comprehendis, non est Deus)"(*serm*. 117.5); "하나님은 그가 무엇이 아닌지를 아는 것을 통해 보다 잘 알려진다(Deo, qui scitur melius nesciendo)"(*ord*. 2.16.44).

7. 《음악에 관하여》(387-391): 음악의 6단계 사다리

이 그림은 키르허(Athanasius Kircher)라는 17세기 독일의 예수회 신학자가 그린 작품이다.[57] 왼쪽 밑에는 피타고라스가 앉아 자신의 음악이론에 영감을 준 대장장이들을 가리키고 있다. 피타고라스는 "우주의 음악"(musica mundana)이라는 천체들의 음악론을 최초로 주장한 이들 중 하나이다.[58] 그것에 따르면 일곱 개의 행성들이 가운데 움직이지 않는 지구 주위를 조화롭게 맴돈다. 각각의 행성은 고유한 음표를 만들어 내며 지구와의 거리에 따라서 즉 행성의 회전 속도에 따라서 그 소리의 고저가 변하게 된다. 이러한 행성들의 음률은 가장 아름다운 우주의 음악을 만들어 내는데 인간은 그 감각의 부적절함 때문에 이 음악을 들을 수 없다고 한다. 아리스토텔레스가 피타고라스학파의 미학을 요약한 것

---

57) 이 작품은 그가 저술한 *Musurgia universalis* (Rome, 1650)에 실려 있다.
58) Umberto Eco, *Art and Beauty in the Middle Ages*, trans. Hugh Bredin (New Haven: Yale University Press, 1986), 32.

에 따르면 "별들의 운행이 조화를 낳는다는 이론 즉 별들의 운행이 자아내는 소리는 조화롭다고 하는 이론…이러한 논의에서 출발해서 그 거리에 의해 측정된 대로 속도를 기술하는 것이 음악적 조화와 같은 비율로 되어있다. 그들은 별들의 순환운동에 의해 발생하는 소리가 조화라고 주장한다."[59]

중세의 신학자 보에티우스(Anicius Manlius Torquatus Severinus Boethius, c. 480-525)도 예술에 대한 이러한 지성주의적 전통을 따라 단순히 악기를 다루는 연주자보다는 음악의 수학적 법칙을 연구하

A. Kircher, Musurgia universalis, Rome, 1650.

고 이해하는 자를 진정한 음악가로서 보다 높이 평가하였다. 그는 피타고라스학파의 음악론을 계승하며 다음과 같이 세 가지 음악이 존재한다고 말한다.

> 음악에는 세 가지 종류가 있다. 첫째는 우주의 음악(musica mundana)이다. 둘째는 인간의 음악(musica humana)이다. 셋째는 악기의 음악(musica instrumentalis)이다.…그리고 하늘에서, 요소들의 배열에서, 혹은 천체들의 회전에서 우주의 음악이 가장 잘 관찰될 수 있다.…인간의 음악은 그 자신의 심연 속으로 침잠해서 내려간 누구나 이해할 수 있다 (*De Institutione Musica*, 1.2.8).[60]

---

59) Tatarkiewicz, *History of Aesthetics I*, 87. 타타르키비츠, 《미학사 1: 고대미학》, 155.

> Sunt enim tria (musicae genera). Et prima quidem mundana est; secunda vero humana; tertia, quae in quibusdam constituta est instrumentis....Et primum ea, quae est mundana, in his maxime perspicienda est, quae in ipso coelo, vel compage elementorum, vel temporum varietate visuntur....Humanam vero musicam, quisquis is sese ipsum descendit, intelligit.

한편으로 고대 그리스의 피타고라스와, 다른 한편으로 중세의 보에티우스와 근세의 키르허를 중간에서 이어준 인물이 바로 다름 아닌 아우구스티누스이다. 그는 자신이 "피타고라스"를 경외하며 거의 매일 그를 칭송하는 습관이 있다고 말한 적이 있다(ord. 2.20.54).[60] 타타르키비츠에 따르면 아우구스티누스는 음악론뿐 아니라 그의 기독교 사상의 넓이와 깊이에 있어 "서방에서 플라톤과 플로티누스에 비교될 수 있는 유일한 철학자"였으며, 새로운 사상을 찾아 떠나는 것보다 이전의 이런 아우구스티누스의 유산을 재발굴하고 보존하는 것이 더 시급한 과제라고 생각했던 중세인들 중의 하나가 바로 보에티우스였다.[62]

《음악에 관하여》(*De musica*, 387-391)는 아우구스티누스의 남아있

---

60) Tatarkiewicz, *History of Aesthetics II*, 87에 인용되고 있다. 타타르키비츠,《미학사 2: 중세미학》, 167. 특히 중세의 이러한 보에티우스의 삼중적 음악론이 아우구스티누스의 음악론에서 유래한 사실에 대해서는 Catherine Pickstock, "Music: Soul, City, and Cosmos after Augustine," eds. J. Milbank, C. Pickstock, G. Ward, *Radical Orthodoxy: A New Theology* (London and New York: Routledge, 1999), 243-244를 참조하라. 픽스톡은 아우구스티누스의 음악적 존재론이 단지 사물들의 질서에만 적용될 뿐 아니라 "삼위일체의 세 위체들 사이의 관계성"에도 적용되기 때문에 그의 음악론은 동시에 신학이기도 하다고 지적한다. 또한 이 때문에 그녀는 이러한 아우구스티누스의 음악적 존재론이 오늘날 현대와 포스트모더니즘의 시대를 살고 있는 우리에게 다시 한번 존재론, 심리학, 정치학의 영역에서 질서를 제공하는 역할을 하는 형이상학적 음악론이 되기를 희망한다(ibid., 243-244).
61) 아우구스티누스는 나중에《재고록》(retr. 1.3.3)에서 여기서 피타고라스를 지나치게 칭송하고 마치 그의 가르침에 아무런 오류도 없는 듯이 말한 것을 후회한다고 밝힌다.
62) Tatarkiewicz, *History of Aesthetics II*, 78. 타타르키비츠,《미학사 2: 중세미학》, 151-152.

는 작품들 중에 유일하게 미학의 문제에만 집중한 저작이면서, 동시에 중세 기독교 신학에서 우주를 하나님의 거대한 음악에 비유하는 음악적 존재론(musical ontology) 전통의 기원 혹은 남상(濫觴)이 되는 저작이다. 아우구스티누스는 "음악이란 치수를 잘 측정하는 것에 대한 학문이다"(Musica est scientia bene modulandi)라고 정의내린다(mus. 1.2.2). 그러한 그의 수학적 음악론의 모토는 "육체적 사물을 통해서 비육체적 사물에게로"(a corporeis ad incorporea: mus. 6.2.2; retr. 1.11.1) 나아가는 것이었다.[63] 그는 《재고록》에서 이 작품을 쓰게 된 동기를 어떻게 사물의 물리적이고 변화가능한 숫자들을 통해서 변화하지 않는 숫자들 곧 하나님의 "비가시적인 속성들"을 이해할 수 있는지를 밝히는 것이라고 말한다(ret. 1.11.1). 391년 완성된 이 음악론에서도 아우구스티누스의 미학적 신정론에 새로운 요소들이 추가적으로 더해지는 것을 보게 된다. 우주의 총체적 아름다움에 대한 무지의 원인이 인간 존재의 시간적 구조 때문이라고 보다 명확하게 제시된다. 또한 자아를 이성으로 다시 정의함으로써 영혼의 불멸성을 추구하고자 했던 아우구스티누스의 이전의 철학적 편향성은 이제는 몸의 부활과 이웃 사랑에 대한 기독교의 교리적 가르침들에 의해 보다 균형을 잡게 된다. 철학과 7학예가 하나님에게로 나아가는 타락한 영혼의 사다리로 기능해야 한다는 관점은 여전히 유효한 것으로 제시된다. 하지만 교회 권위에 대한 그의 이전의 다소 논쟁적인 태도는 이제 보다 유연한 입장을 가지게 된다. 성자들은 단숨에 "날아오르는 상승"으로 기다리지 않지만, 아우구스티누스는 학문의 사다리를 통해 천천히 "걸어서" 올라가는 것을 선호한다(mus. 6.17.59; 6.1.1).

아우구스티누스는 인간, 인간보다 아래의 존재들, 그리고 인간보다 위의 존재들로 하나님의 "우주의 시(詩)"(carmen universitatis)가 쓰여진다고 한다(mus. 6.11.29). 이러한 형이상학적 우주도(宇宙圖, mappa mundi)를 그린 후에 곧 바로 아우구스티누스는 악의 문제를 인간의 시

---

63) 여기에 대한 논의로는 O'Connell, *Art and the Christian Intelligence*, 68을 보라.

간 속에서의 존재 조건과 관련하여 성찰한다.

수많은 그러한 것들이 우리들에게는 질서가 없고 혼란스러운 것처럼 보인다. 왜냐하면 우리 자신의 잘잘못에 따라 존재들의 질서 속으로 우리가 [바늘로] 꿰매어져서(assuo) 하나님의 섭리가 우리를 위해 어떤 아름다운 일을 목적하는지 알지 못하기 때문이다. 마치 어떤 이가 가장 웅장하고 아름다운 건물의 한 모퉁이에 조각상으로 놓여지게 된다면 자신이 일부가 된 그 건물 전체의 아름다움을 인식하지 못하는 것과도 같다. 또한 전열 속의 병사가 전체 군대의 질서를 볼 수도 없다. 또한 만약 시(詩)에서 개개의 음절들이 살아나 자신들이 낭송되는 동안만 인식할 수 있다면 온전히 연결된 작품의 조화와 아름다움이 그들을 즐겁게 할 수는 없을 것이다. 그들이 전체를 보고 찬성할 수는 없다. 왜냐하면 전체는 바로 그러한 개개 존재들이 스쳐 지나가는 소멸에 의해서만 이루어지고 완성되기 때문이다. 하나님의 질서는 죄인을 추악한 곳에 두지만 추악한 방식으로 그러한 것은 아니다. 왜냐하면 그는 하나님의 가르침에 복종하고 따른 이가 소유하고 있는 전체(universus)를 잃어버리면서 자신의 의지에 의해 추악해졌고 부분(pars)에 놓여지게 되었기 때문이다. 따라서 [하나님의] 법을 실현하고자 원치 않은 자는 그 법에 의해 실현될 것이다(*mus.* 6.11.30).

In quibus multa nobis videntur inordinata et perturbata, quia eorum ordini pro nostris meritis assuti sumus, nescientes quid de nobis divina providentia pulchrum gerat. Quoniam si quis, verbi gratia, in amplissimarum pulcherrimarumque aedium uno aliquo angulo tanquam statua collocetur, pulchritudinem illius fabricae sentire non poterit, cujus es ipse pars erit. Nec universi exercitus ordinem miles in acie valet intueri. Et in quolibet poemate si quanto spatio syllabae sonant, tanto viverent atque sentirent, nullo modo illa numerositas et contexti operis pulchritudo eis placeret, quam totam perspicere atque approbare non possent, cum de ipsis singulis praetereuntibus fabricata esset atque perfecta. Ita peccantem hominem ordinavit Deus turpem, non turpiter. Turpis enim factus est voluntate, universum amittendo quod Dei praeceptis obtemperans possidebat, et ordinatus in parte est, ut qui legem agere noluit, a lege agatur.

하나님이 쓰신 우주의 시가 지닌 아름다움을 보지 못하는 이유는 바로 우리가 그 아름다움을 이루며 스쳐 소멸하는 개개의 낱말과도 같기 때문이다. 악의 문제란 이런 의미에서 시간의 흐름 속에 담긴 인간의 무지의 문제이다. 그러나 왜 시간의 구조 속에 한 부분으로 우리가 추락하고 침잠하게 된 것이 "우리 자신의 잘잘못에 따라" 이루어진 것인가? 우리는 이미 항상 시간 속에 존재하는 자신을 발견할 뿐이지 않는가? 아우구스티누스는 여기서 영혼이—오코넬이 우아하게 표현한 것처럼—"시간의 직물"(the time tapestry)에 꿰매어져서 이전에 지녔던 전체 우주에 대한 지성적 이해를 잃게 된 이유를 천사로서 선재하던 영혼이 범죄하였기 때문이라고 제안하고 있는 듯하다.[64]

영혼의 시간 속으로의 추락이라는 생각은 같은 해인 391년에 쓰여진 《참된 종교에 관하여》에서 보다 분명히 세시되고 있다. 여기서 "천국으로부터 현재세계 속으로의" 인간의 추방은 지성세계에서 시간세계로의 추방으로 이해된다. 그것은 "실체적 선에서 실체적 악으로의" 추락은 아니다. 왜냐하면 "실체적 악이란 존재하지 않기 때문이다." 하지만 그것은 "영원한 선에서 시간적 선으로의" 추락이며 "지성적 선에서 감각적 선으로의" 추락이다(*vera rel.* 20.38). 아우구스티누스는 시간 속에서 소멸하는 세계 자체를 어떤 추하고 악한 것으로 여기지는 않는다. "그 변화무쌍한 모든 아름다움을 지닌 채 시간은 자신에게 정해진 과정을 지켜나가며", 모든 육체를 지닌 생명은 "그 자신의 방식대로 아름답다." 하지만 언젠가는 끝나게 되는 피조된 아름다움에 대한 우리의 집착이 고문과도 같은 슬픔을 가져오게 된다(*vera rel.* 20.40; cf. *lib. arb.* 3.15. 43).[65] 아우

---

64) O'Connell, *Art and the Christian Intelligence*, 75. 오코넬의 주장에 의하면 아우구스티누스는 여기서 플로티누스의 《에네아데스》 3.7에서 제시되고 있는 영원에서 시간 속으로의 영혼의 추락을 차용하고 있다.

65) 빌라데서(Richard Viladesau)는 현재의 유한한 선을 너머 영원한 선을 향해 걸어가야

구스티누스는 시(詩)와 시작(詩作)의 예술적 원리 사이의 차이를 통해 역사의 시간과 영원한 쉼 사이의 차이를 설명한다. 한 절의 싯구는 그 자신의 방식으로 아름답지만 모든 싯구들이 한꺼번에 낭송될 수는 없다. 따라서 이러한 순간적으로 소멸하는 시의 아름다움에 비해 시간의 변화에 굴복하지 않으면서도 시를 쓰는 모든 원칙들을 한꺼번에 영원히 소유하고 있는 지성계의 예술 원리가 더 아름다운 것이다. 이러한 비교를 통해 아우구스티누스는 역사적 시간이 어떻게 하나님 안에서의 영원한 쉼에 관련되는지를 설명하고자 한다. "역사적 사건들"은 시에서 스쳐 지나가는 언어들 같아서 오직 시간의 끝에 가서야 그 진정한 의미가 전부 드러나게 된다. 아니, 어쩌면 역사는 시보다도 더 이해하기 힘들다. 우리는 시로부터 거리를 둘 순 있지만 역사에서는 그럴 수 없기 때문이다.

> 싯구 전체나 혹은 시 전체를 손쉽게 들을 수 없는 자는 아무도 없을 것이다. 하지만 그 누구도 시대들의 질서 전체를 파악할 수는 없다. 더군다나 우리는 시의 일부분이 되지는 않지만 죄의 징벌로 시대의 일부분으로 만들어졌다. 시는 우리의 감상을 위해 읽혀지지만 역사는 우리의 노동으로 만들어진다. 경기에서 승리하지 못한 자가 거기서 즐거움을 찾을 수는 없지만 그는 자신의 불명예 때문에 바로 명예롭다. 여기에 진리의 우화가 있는 것이다(vera rel. 22.43).

[P]ropterea quia nemo est, qui non facile non modo totum versum, sed etiam totum carmen possit audire; totum autem ordinem saeculorum sentire nullus hominum potest. Huc accedit quod carminis non sumus partes, saeculorum vero partes damnatione facti sumus. Illud ergo

---

한다는 아우구스티누스의 명령("ambulent, ambulent")을 파우스트 전설에 대한 괴테의 해석에 비교한다. 파우스트는 세상에서 자신이 원하는 모든 경험을 할 수 있도록 악마와 계약한다. 하지만 그가 세계의 어떤 한 피조된 아름다움에 사로잡혀 "머무르라, 너는 너무도 아름답다"(Verweile dich, du bist so sch?n)라고 말하는 순간 파우스트 자신의 영혼을 악마에게 잃게 된다. 리차드 빌라데서 / 손호현 옮김, 《신학적 미학: 상상력, 아름다움, 그리고 예술 속의 하나님》(서울: 한국신학연구소, 2001), 506-507 미주 38.

canitur sub judicio nostro, ista peraguntur de labore nostro. Nulli autem victo ludi agonistici placent, sed tamen cum ejus dedecore decori sunt: et haec enim quaedam imitatio veritatis est.

역사는 우리의 노동으로 만들어지지만 우리는 시간의 직물에 조그만 헝겊조각처럼 바느질로 꿰매어져 있다. 역사와 시간이라는 인간의 조건은 오직 새 하늘과 새 땅에서만 극복될 것이며 거기서 우리는 더 이상 무지로 수고하지 않아도 되며 우주 전체의 시간 구조를 조망할 것이다. 하지만 "시간의 창조자이며 통치자이신 하나님의 섭리"에 대한 자신의 기독교 신앙에 기초하여 아우구스티누스는 지금도 하나님의 아름다운 정의가 시간의 세계 속에 작용하고 있다고 확신한다(*vera rel.* 22.43). "이성적 실체"(rationalis substantia)가 범죄하였기 때문에 그러한 영혼은 하나님에 의해 그 자신에 적합한 위치에 놓여지게 된 것이다. 따라서 하나님의 정의의 아름다움은 항상 그리고 어디에서나 다음과 같은 "세 가지, 즉 죄인들의 징벌, 의인들의 입증, 그리고 축복받은 자들의 완성"에 의해 유지된다(*vera rel.* 23.44-24.45). 하지만 여전히 질문은 남는다. 도대체 왜 영혼은 애초에 추락했을까?

아우구스티누스는 영혼이 하나님에 집중한 영원한 명상에서 시간의 무지 속으로 추락한 이유를 호기심, 교만, 그리고 욕정 때문이라고 본다. 인간의 무지는 이미 그가 징벌의 상태에 놓여있음을 말한다. "감각적 쾌락에 대한 관심(cura)"은 영혼으로 하여금 영원한 것들에 대한 명상에서 시간적인 것들에 대한 "호기심"(curiositas)으로 향하게 만들었다(*mus.* 6.13.39). 영혼은 육체적 몸을 움직여보는 것에서, 헛된 환영의 지식으로 자신을 바쁘게 하는 것에서, 하나님의 기술을 흉내내는 것에서 쾌락을 찾게 된다. 하지만 호기심은 그 근원에 있어 "하나님을 섬기는 대신 하나님을 모방하는 것을 선호하는 영혼의 교만(superbia)"으로부터 생겨난다(*mus.* 6.13.40). 교만은 모든 죄악이 시작되는 뿌리이다.[66]

---

66) 교만이 "악의 뿌리 형태"(the root form of evil)라는 아우구스티누스의 견해에 대해서

마치 "시간"이 "영원을 모방"하듯이 오만한 영혼도 영원한 세계의 아름다움을 시간 속에서 모방하고자 한다(*mus.* 6.11.29). 세상의 자연미와 예술미에 대한 사랑은 색깔, 목소리, 달콤한 것, 장미, 부드러운 몸, 그리고 지상의 기계들을 제작하는 일이 주는 쾌락에 영혼을 꿰매어 버린다. 이러한 "육체의 욕정"(concupiscentia carnis)은 영원히 변함없는 동일성에 집중하는 "학문의 이성"(ratio disciplinae)에 의해 질책을 받는다 (*mus.* 6.14.44). 요컨대 아우구스티누스의 자유의지 신정론은 여기서 하나님의 아름다운 우주적 위계질서에서 영혼이 하강운동을 하는 기원학적 이유가 교만이라는 것을 밝히는 데 사용되고 있다. 하지만 미리 이러한 존재론적 우주 질서가 없었다면 영혼이 교만으로 추락할 방향도 없었을 것이다. 자유의지 신정론은 총체성의 미학적 신정론 없이는 불가능하다.

피조된 아름다움은 양면성을 지닌 양날의 칼과도 같다. 그것은 한편으로 영혼을 시간 속으로 추락하게도 만드나, 또 다른 한편으로 영혼의 영원으로의 귀환을 돕기도 한다. 시간 속으로 떨어진 영혼은 시간 속에서 회복되어야 한다. 하나님의 섭리적 돌보심은 인간의 예술, 학예, 그리스도의 성육신, 기적, 성서, 이웃의 사랑 등의 다양한 상징적 중재물들을 그 시간의 적합성에 따라서 세심하게 배치해 두었다. 철학과 학예를 통한 영혼의 상승이 부정되지는 않는다. 하지만 아우구스티누스는 영혼이 자신의 죄로 인해 너무도 무기력해져서 어쩌면 이러한 상승운동을 스스로 시작할 수 없을지도 모른다고 생각하기 시작한다. 하나님이 점진적인 교육을 통해 영혼을 그 자신의 곤경에서 이끌어내셔야만 하는 것이다.

  인간이 세속적 삶에서 벗어나 하나님을 닮은 모습을 향해 애쓰며 나아갈 수 있도록 그 사이에서 도와주는 중간적인 단계들이 인간의 경험 속

는 J. Patout Burns, "Augustine on the origin and progress of evil," William S. Babcock ed., *The Ethics of St. Augustine* (Atlanta: Scholars Press, 1991), 67-85를 참조하라.

에 없다고 한다면, 영혼은 자신의 죄에 영향을 받고 압도되어서 이러한 진리를 스스로 볼 수도 파악할 수도 없을 것이다. 하나님은 이루 말할 수 없는 은총으로 자신이 정하신 시간의 섭리(dispensatio temporalis)에 따라 자신의 영원한 법에 복종하는 변화하는 피조물을 이용하셔서, 영혼에게 원래 그 완벽한 본성을 기억나게 하시고 개개 인간과 나아가 전체 인류를 도우신다. 그것이 우리 시대에는 바로 기독교 종교이다. 이것을 배우고 따르는 것이 구원에 이르는 가장 안전하고 가장 확실한 길이다(vera rel. 10.19).

Sed quia hoc anima peccatis suis obruta et implicata, per seipsam videre ac tenere non posset, nullo in rebus humanis ad divina capessenda interposito gradu, per quem ad Dei similitudinem a terrena vita homo niteretur, ineffabili misericordia Dei temporali dispensatione per creaturam mutabilem, sed tamen aeternis legibus servientem, ad commemorationem primae suae perfectaeque naturae, partim singulis hominibus, partim vero ipsi hominum generi subvenitur. Ea est nostris temporibus christiana religio, quam cognoscere ac sequi, securissima ac certissima salus est.

아우구스티누스의 관심은 점차적으로 인문학을 통한 영혼의 플라톤주의적 훈련으로부터 "하나님의 섭리의 시간적 배열로서의 예언적 역사", 즉 "인류의 구원을 위해 하나님이 하신 일"에로 옮겨간다(vera rel. 7.13).[67] 하나님은 영혼의 추락의 원인을 오히려 거꾸로 변화시켜 영혼의 정화의 수단으로 사용하신다. 학예, 권위, 그리고 다른 상징적 매개물에 드러났던 사람들간의 교만의 요소는 이제 영혼이 이러한 상징적 매개물을 통해 다른 동료 영혼에게 어떤 도움을 줄 수 있는지의 질문으로 변화된다.[68] 그래서 아우구스티누스 자신도 "죄의 어리석음조차도 그 나름의 아름다움을 지닌 다른 어떤 것으로 변모시키는 하나님의 이루 말할 수 없는 치유의 예술"이 어떠한 것인지, 어떻게 하나님이 우리의 죄를 "세

---

67) TeSelle, *Augustine the Theologian*, 130.
68) O'Connell, *Art and the Christian Intelligence*, 83.

상의 위대한 영광과 장식물"로 바꾸시는지 설명하는 과제를 스스로에게 부여한다(*vera rel.* 28.51).

음악은 인간의 영혼을 감각의 영역에서 지성의 영역으로 점진적으로 나아가게 만드는 하나님의 치료법 중의 하나이다. "음악은 가장 은밀한 지성소로부터 어떻게인지 퍼져 나와서 우리의 감각 자체에 그리고 우리 감각의 대상들에 자신의 흔적을 남겨놓기 때문이다"(*mus.* 1.13.28). 음악 안에는 시간의 간격과 관련되는 "숫자의 흔적들"처럼 지성적 원리의 감각적 흔적들이 존재한다(*mus.* 6.1.1). 예를 들어 아우구스티누스는 "만물의 창조자 하나님(Deus creator omnium)"이라는 암브로시우스의 저녁 찬미가를 즐겨 불렀다(*conf.* 9.12.32).[69]

만물의 창조자 하나님	Deus creator omnium,
당신은 하늘을 다스리시고	Polique rector, vestiens
낮을 아름다움 빛으로	Diem decoro lumine,
밤을 잠의 은총으로 옷입히십니다	Noctem sopora gratia:
당신의 고요가 우리의 몸을 쉬게 하며	Artus solutos ut quies
지친 우리의 마음을 달래어 주며	Mentesque fessas allevet,
염려하는 우리의 슬픔을 어루만져 줍니다	Luctusque solvat anxios.

아우구스티누스는 피곤하고 낙심될 때 이 찬가를 자주 부르곤 했다. 이러한 자신의 경험을 통해서 그는 우리가 이러한 시적 찬양의 소절을 듣고 또 노래할 때 우리 영혼은 다음과 같은 음악의 6단계 숫자를 거쳐 점차적으로 물질세계에서 지성세계로 상승하게 된다고 보았다(*mus.* 6. 2-7; 6.16; 6.23-24). 로마인들이 음악과 관련하여 숫자(numerus)란 말을 사용할 때 이는 현대인들의 리듬에 해당한다고 보면 될 것이다.[70]

---

69) Augustine, *Confessions*, 176. 그리고 같은 책 241 각주 28도 참조하라.
70) Tatarkiewicz, *History of Aesthetics II*, 50. 타타르키비츠, 《미학사 2: 중세미학》, 100-101 참조.

음악의 6단계 사다리
(1) "소리" 숫자 혹은 "육체적" 숫자(sonans)
(2) "반응적" 숫자(occursor)
(3) "회상적" 숫자(recordabilis)
(4) "발성적" 숫자(progressor)
(5) "판단적" 숫자(judiciabilis)
(6) "이성"의 숫자(rationalis)[71]

(1) 소리 숫자 혹은 육체적 숫자는 노래된 소절의 물리적 소리 안에 내재하는 수학적 비례를 가리킨다. (2) 반응적 숫자는 들려오는 물리적 소리에 반응하는 우리 귀의 리듬감 안에 내재하는 수학적 비례를 가리킨다. (3) 회상적 숫자는 들어서 익숙해진 소리의 수학적 비례를 저장하고 기억하는 영혼의 능력을 가리킨다. (4) 발성적 숫자는 수학적으로 비례를 가진 소리를 만들어낼 수 있는 우리 목의 능력을 설명하기 위한 것이다. (5) 판단적 숫자는 감성적 차원에서 자연적이고 전(前)이성적으로 소리의 아름다움에 대해 감각적 판단을 하는 능력을 가리킨다. (6) 마지막으로 이성 혹은 이성의 숫자는 지성적 차원에서 음악이 주는 즐거움과 아름다움에 대한 총체적인 미학판단을 내리는 능력을 가리키는 것으로 다른 모든 숫자들의 심판관이 된다.[72] 이러한 사다리를 통해 음악은 육체적이고 변화하는 숫자들의 세계로부터 변함이 없는 하나님의 "비가시적 속성들"에로 영혼을 인도한다(retr. 1.11.1). 플라톤주의적인 영향은 예전과 변함없이 그대로 남아 있다. 그래서 건튼(Colin Gunton)은 아우구스티누스의《음악에 관하여》가 물질성 자체를 문제가 있는 것으로 생각하는 "진정 지성주의적 미학론"이라고 평가한다.[73] 나이팅게일의

---

71) 영혼의 상승의 사다리 혹은 단계에 대한 아우구스티누스의 대표적 언급들은《영혼의 크기에 관하여》(*quant*. 33.70-34.78),《자유의지론》(*lib. arb*. 2.3.7-2.15.39), 그리고 여기《음악에 관하여》의 세 텍스트에서 발견된다.
72) O'Connell, *Art and the Christian Intelligence*, 72.
73) Colin Gunton, "Creation and Re-creation: An Exploration of Some Themes in Aes-

지저귐과 그러한 자연의 소리를 모방하는 가수는 "학문"으로서의 음악과 대조된다(*mus.* 1.4.5). 우리의 현대적 의미에서의 예술도 또한 고전적 의미의 학예와 비교해서 열등한 것으로 평가되는데 "시간들의 감각적 아름다움들"은 오직 "이성의 아름다움"을 모방할 뿐이기 때문이다(*mus.* 6.11.31; cf. *vera rel.* 30.54). 번즈(J. Patout Burns)는 아우구스티누스가 《음악에 관하여》6권에서 이러한 지성주의적 혹은 수학적 미학을 발전시킨 이유를 영혼과 육체라는 마니교의 이원론을 극복하면서 사물의 질서와 예술적 창작뿐 아니라 인간의 활동 모두를 한꺼번에 일관성있게 설명할 수 있는 영혼의 단일론적 이론을 모색하고 있었기 때문이라고 본다.[74] 하지만 결과적으로 물질에서 정신으로의 상승을 강조하는 이러한 지성주의적 미학론은 현대에 우리가 이해하는 예술과는 많은 차이가 있다. 그래서 그의 음악론에 대해 평가하며 오코넬은 "아우구스티누스는 여기서 모든 예술의 사형선고장에 서명을 하였다"고까지 말한다.[75]

그리스도의 성육신은 하나님의 인도하심의 또 다른 아름다운 성례전적 중재물로서 이해된다. 하나님의 지혜가 거룩하고 성스러운 자들이 이해할 수 있도록 "이루 말할 수 없이 놀라운 성례로서 이 상처를", 곧 우리의 육신을 입으셨다(*mus.* 6.4.7). 성육신은 적합한 시간에 따라 영혼을 치유키 위해 하나님이 사용하시는 모든 수단들 중에 가장 위대한 것이다. 예수 그리스도는 "감각에 몸을 맡기고 마음으로 진리를 볼 수 없는 육체적 사람들에게 피조물들 가운데 인간이 얼마나 높고 고결한 자리를 차지하는가를 보여주셨다"(*vera rel.* 16.30). 사람들은 그리스도의 아름다움뿐만 아니라 그의 "설득과 경고"에 의해 적합하고도 도움이 되는 배움을 얻었다. 또한 그의 "기적"을 통해서 그리스도는 하나님에 대

---

thetics and Theology," *Modern Theology* 2:1(1985), 2.

74) J. Patout Burns, "Variations on a Dualist Theme: Augustine on the Body and the Soul," Jane Kopas ed. *Interpreting Tradition: The Art of Theological Reflection* (California: Scholars Press, 1983), 13-16, 20-21.

75) O'Connell, *Art and the Christian Intelligence*, 90.

한 신앙을 가지게 했다(*vera rel*. 16.31). 그의 "수난"조차도 교만에 대한 겸허한 겸손의 가치를 우리에게 가르쳤으며 인간 본성에 대한 하나님의 존중을 드러내었다(*mus*. 6.4.7; *vera rel*. 16.31). "인간으로서, 인간성을 입은 자로서 이 땅에서 살은 그의 생애 전체는 하나의 윤리학(disciplina morum)이었다"(*vera rel*. 16.32). 아우구스티누스는 극장과 시인의 온갖 헛된 환상들에 대한 호기심을 버리고 성육한 지혜에 대해 기록한 "성서"를 부지런히 공부하도록 권면한다(*vera rel*. 51.100).

하지만 플라톤의 《국가론》에 나오는 소크라테스의 딜레마와도 유사하게, 아우구스티누스는 이웃을 사랑하라는 기독교의 도덕적 명령과 자신의 《음악에 관하여》에서 주된 논지로 제안된 영혼의 지성적 상승 사이에 미묘하지만 근원적인 긴장을 발견하게 된다. 하나를 추구하려면 다른 하나는 포기해야 하는 것처럼 보이기 때문이다. 여기서 아우구스티누스는 훌륭한 가수가 모든 이들이 자신처럼 되기를 원하는 것처럼 기독교인은 지성적인 명상을 통해서 자신의 이웃도 이러한 명상에 동참할 수 있도록 권면하는 것이 이웃 사랑의 의미라고 해석함으로써 명상과 사랑을 함께 중재한다. 바로 그렇기 때문에 "우리에게 명령된 자신의 이웃을 사랑하는 것은 우리가 하나님 안에 머물도록 상승할 수 있는 가장 확실한 길이다"(*mus*. 6.14.46; *vera rel*. 47.90).

몸의 부활이라는 주제는 아우구스티누스의 신학에서 이전보다 더 중심적인 위치를 차지하게 된다. 죽음은 단지 몸의 물리적 변화로서 이를 통해 영혼이 영원한 이성에게로 돌아가게 된다는 이전의 플라톤주의적 시각은 점차적으로 버려지게 된다. 아우구스티누스는 몸의 부활이라는 기독교 종교만의 독특한 신념을 자신의 사유에서 보다 심각하게 받아들여야 할 필요성을 민감하게 느끼게 된다. 따라서 영혼뿐만 아니라 물리적 몸도 구원과 회복의 대상으로 포함되게 된다(*mus*. 6.5.13; 6.15.49). 나중에 원숙해진 아우구스티누스는 부활이 단지 아담의 원래 몸의 상태로 돌아가는 것이 아니라 이보다 훨씬 나은 어떤 것을 얻는 것이라고 명확하게 밝힌다(*retr*. 1.11.3).

시간의 직물에 꿰매어진 인간 존재의 조건이 바로 하나님의 아름다운 합리성과 정의를 보지 못하게 하는 무지의 원인이다. 하나님은 바로 이러한 상처를 치료하기 위해 시간과 구속의 역사 안에 다양한 상징적 매개물을 섭리에 따라 배치하셨다. 바로 이러한 보다 독특한 기독교적 주제들에 대한 관심으로 인해 아우구스티누스의 미학적 신정론은 이전의 다소 정적이고 초역사적인 우주에 대한 명상뿐 아니라 역동적인 역사신학도 또한 포함하게 된다.[76] "하나님의 섭리는 단지 개인들만을 사적으로 돌보는 것이 아니라 공적으로 전체 인류를 또한 돌본다"(*vera rel.* 25.46). 전체 인류는 섭리에 의해 "두 부류들," 즉 하나님을 경외하지 않는 대다수와 하나님에게 헌신된 자들로 구분된다(*vera rel.* 27.50). 이미 아우구스티누스의 마음에 역사의 종말은 몸의 부활과 우주의 종말론적 완성으로 이어지고 있기 때문에 이러한 인류의 서로 다른 두 부류의 대조는 우주적 차원으로 확대된다. 불신앙자들은 "바깥의 어둠" 혹은 "먼 부분들"의 영역으로 보내어질 것이다(*vera rel.* 54.104-105). 대조적 조화 혹은 총체성의 아름다움에 기초한 아우구스티누스의 미학적 신정론은 보다 구체적으로 역사화될 뿐 아니라 인류의 두 궁극적 운명으로 보다 광범위하게 우주론화되고 있는 것이다. 선재하던 영혼의 타락이라는 아우구스티누스의 사상을 고려할 때 그러한 심판은 공정한 것이다. 왜냐하면 "악이란 존재하지 않으며 죄와 죄에 대한 징벌만이 있을 뿐이다. 죄는 가장 높은 존재로부터 스스로 도망쳐" 추락한 자유의 오용이기 때문이다. 여기서 아우구스티누스가 모든 악을 자유의지에 의해 자발적으로 저질러진 도덕적 악으로 환원해서 이해한다는 사실은 중요하다. "비록 부분들은 불완전하지만, 전체는 완전하다"는 사실에서 하나님의 아름다운 정의는 입증된다(*vera rel.* 40. 76).[77] 아우구스티누스는 자신의

---

76) 이러한 역사신학적 관심은 이미 《마니교도를 논박하는 창세기에 관하여》(*De Genesi adversus Manicheos*), 1.23.35-1.23.41에 나오는 아우구스티누스의 우주론적-인간론적-역사론적 "일곱 시대들"의 신학에서 발견된다.
77) 시인 알렉산더 포프(Alexander Pope)는 이와 같은 생각을 자신의 시 "인간에 관한 에

미학적 신정론에서 가장 유명하고 널리 알려진 아래의 그림 속 검정색의 예를 통해 이 모든 생각들을 모두어 들인다.

> 그림의 검정색조차 그림 전체를 볼 때는 아름다운 색깔일 수 있다. 이처럼 인생이라는 전체 경주도 하나님의 변하지 않는 섭리에 의해 적합하게 어울리도록 이루어진다. 하나님은 패자, 경쟁자, 승자, 관객, 그리고 평온하게 하나님만을 명상하는 자 각각에게 적합한 역할을 주신다. 이 모든 경우에 있어 [실체적] 악이란 존재하지 않으며 죄와 죄에 대한 징벌만이 있을 뿐이다. 죄는 가장 높은 존재로부터 스스로 도망쳐 자유롭지 못한 저등한 존재들 사이에서 수고하며 헤매이는 것, 달리 말해 정의로부터의 자유 그리고 죄 아래의 노예상태를 가리킨다(*vera rel.* 40.76).
> Sed sicut niger color in pictura cum toto fit pulcher; sic totum istum agonem decenter edit incommutabilis divina providentia, aliud victis, aliud certantibus, aliud victoribus, aliud spectatoribus, aliud quietis et solum Deum contemplantibus tribuens: cum in his omnibus non sit malum nisi peccatum, et poena peccati, hoc est defectus voluntarius a summa essentia, et labor in ultima non voluntarius; quod alio modo sic dici potest, libertas a justitia, et servitus sub peccato.

건물의 한 모퉁이에서 전체 건물을 평가할 수 없듯이, 어떤 사람의 머리카락만 보고 미남인지 판단할 수 없듯이, 연설가의 손의 제스쳐만 보고 그의 연설이 훌륭한지 판단할 수 없듯이, 달의 전체 궤도를 단지 사흘의 관찰만으로 알 수 없듯이, 이처럼 또한 시간의 직물이 지닌 아름다움은 시간 속에 스쳐가는 지금은 볼 수는 없으며 오직 시간의 끝에 가서 시간 전체가 완성될 때에만 드러날 것이다. "지금은 우리가 부분만 알지만, 완전한 것이 올 때에는 우리의 지식도 더이상 부분적이지 않을 것이다"(*vera rel.* 53.103).

세이"에서 다음과 같은 라이프니츠주의적 공식으로 표현한다: "모든 부분적 악, 그러나 전체적 선"(All partial evil, universal good).

8. 《자유의지론》(388-396): 악의 저자는 하나님인가 인간인가

아우구스티누스의 《자유의지론》(*De libero arbitrio*) 1권은 388년 시작되었고, 2권과 3권이 391-395 혹은 396년에 마쳐진 것으로 추정된다. 제목 자체가 제안하고 있듯 이 작품은 악의 기원에 대한 그의 사유가 마니교나 펠라기우스주의 등과의 논쟁적 상황을 거치며 어떤 명확하고 투명한 확신에 도달한 것을 보여준다. 나중에 노년의 아우구스티누스는 《자유의지론》의 집필 의도가 "악의 유일한 원인은 의지의 자유로운 선택에 있다"는 것을 밝히는 데 있었다고 한다(*retr*. 1.9.1). 악의 저자는 하나님인가 인간인가라는 물음에 대한 그의 대답은 모든 악의 저자는 그것을 스스로 행한 인간 자신이라는 것이다. 여기서 아우구스티누스는 악의 원인으로서 인간 의지의 궁극성 너머로 더 이상 나아가기를 거절한다. 그렇지 않다면 하나님에게까지 이를 수밖에 없는 끝없는 소급적 역행을 가져오기 때문이다. 혹은 악을 "윤리악"(倫理惡)과 "물리악"(物理惡)이라는 둘로 나눈다고 한다면 하나님은 악에 대한 징벌의 고통으로서 물리악의 저자이지만 악행 자체인 윤리악의 저자일 수는 없다.[78] 또한 아우구스티누스는 이전에는 암묵적으로 전제되었던 영혼의 선재설을 이 저작에서는 네 가지 가능한 선재 방식의 설명을 통해 보다 분명하게 제시하고 있다. 네 가지 영혼의 선재 방식에서 어느 것도 하나님의 아름다운 정의를 훼손할 수 없다는 것을 변증하는게 그의 목적이다. 마지막으로 자유의지가 나쁜 방식으로 오용될 것을 알았음에도 하나님은 왜 애초에 자유의지를 인간에게 부여하였는가의 질문에 대해 아우구스티누스는 이 저작에서 풍부함(plenitude)이라는 미학적 가치에 기초한 변증을 제시하고 있다. 이러한 주제들을 차례로 살펴보도록 하자.

고향이 같은 친구이자 제자인 에보디우스(Evodius)가 왜 하나님이

---

78) 이러한 윤리악과 물리악이라는 표현은 성염에 의해 제안되고 있다. 아우구스티누스 / 성염 역주, 《자유의지론》(왜관: 분도출판사, 1998)에 실린 성염의 "해제" 17를 참조하라.

악의 저자가 아닌가를 질문한다. 아우구스티누스는 대답으로 두 가지 종류의 악, 즉 "인간이 행한 악"과 "그 악인이 징벌로 고통받는 악"을 구분해야 한다고 말한다(*lib. arb.* 1.1.1). 인간은 자신의 도덕적 악행들에 대해 분명한 책임이 있는 반면, 하나님은 이것들에 대한 공정한 심판의 책임이 있는 것이다. 그러므로 사악한 악행에 대해서는 하나님이 아닌 인간적 저자들만이 존재할 뿐이다.

> [이 모든 악의] 유일한 저자(著者, auctor)는 없으며 모든 악인은 자기 악행의 저자이다. 그것이 의심스럽다면 위에서 언급했듯이 악행은 하나님의 정의에 의해서 처벌받는다는 사실을 염두에 두기 바란다. 그 [악행이] 의지로 행해진 경우가 아니라면 의롭게 처벌받았다고 할 수 없을 것이다(*lib. arb.* 1.1.1).
> [N]on enim unus aliquis est, sed quisque malus sui malefacti auctor est. Unde si dubitas, illud attende quod supra dictum est, malefacta justitia Dei vindicari. Non enim juste vindicarentur, nisi fierent voluntate.

우리가 이미 앞에서 살펴보았듯 아우구스티누스는 자연적 악이란 존재하지 않는다고 생각했다. 또한 이른바 유한성, 죽음, 소멸성 등의 형이상학적 악도 그 본질에 있어서는 도덕적 악의 결과, 즉 "악의 징벌"이며 "징벌의 상태"라고 제안한다(*lib. arb.* 3.9.28; 3.18.51-52). 따라서 아우구스티누스는 이 저작에서 자발적으로 인간의 의지에 의해 행해진 도덕적 악에 초점을 맞추어 사유하고 있다.

도덕적 악은 외부적 관점과 내재적 관점이라는 두 측면에서 생각될 수 있다. 예를 들어 간음, 살인, 신성모독이 단지 인간의 법률이나 도덕적 가르침 혹은 사람들의 비난 때문에 악한 것일 수는 없다(*lib. arb.* 1. 3.6-7). 이러한 것들이 외부적으로 금지된 이유는 그것이 내재적으로 악이기 때문이다. 따라서 악의 진정한 본질은 내부에, 즉 인간 의지의 잘못 방향지어진 애정에 있는 것이다. 아우구스티누스는 한편으로 존재-생명-지성이라는 존재론적 사다리와 다른 한편으로 감각-내적 감각-이성이라는 인식론적 사다리를 제시한다(*lib. arb*. 2.3.7-2.4.10). 이러한 것들의 올바른 질서가 교란되고 훼손될 때 악이 생겨나는 것이다. "더 우월한 것이 더 열등한 것에 종속될 때, 올바른 질서 아니 질서 자체가 존재할 수 없다"(*lib. arb*. 1.8.18). 죄란 영혼이 자신의 보다 고결한 행복을 버리고 추락하는 하강운동을 가리키는 것이다. 아우구스티누스는 "영원한 것들과 시간적인 것들이라는 두 부류의 사물들", 그리고 "영원한 것들을 사모하며 추구하는 자들과 시간적인 것들을 추구하는 자들이라는 두 부류의 사람들"을 분명하게 구분한다(*lib. arb*. 1.16.34). 발타자의 정곡을 찌르는 해석처럼 여기서 "최후의 심판의 결과까지 포함해서, 방향성이 모든 것을 결정한다."[79]

죄는 하나님으로부터 돌아섬(aversio a Deo)과 동시에 피조물에게로 향함(conversio ad creaturam)이라는 방향이 잘못된 사랑을 가리킨다. 아우구스티누스는 영혼이 가질 수 있는 세 가지 잘못된 방향성에서 유래하는 세 가지 종류의 죄를 설명한다. 영혼이 자신 위에 계신 하나님에 대한 영원한 상향적 명상에서 배향해서 자신의 사적인 자아를 내적(內的)으로 보다 사랑할 때 교만(superbia)의 죄를 짓게 되고, 외적(外的) 존재들을 더 사랑할 때 호기심(curiositas)의 죄를 짓게 되며, 하향적(下向的)으로 자신보다 열등한 존재들을 더 사랑할 때 욕정(libido 혹은 concupiscentia)의 죄를 짓게 된다. 터셀에 따르면 특히 《자유의지론》(*lib. arb*. 2.19.53)에서 볼 수 있는 것처럼 "어떤 이유에서인지 390년에서 395년 사이에 아우구스티누스는 교만을 자기 자신의 사적인 선에로 전향하는 것으로, 호기심을 외적인 선한 것들에로 전향하는 것으로, 그리고 욕정을 저등한 선한 것들에로 전향하는 것으로 이해하게 되었다."[80]

따라서 세 가지 부류의 사람들이 나누어짐을 볼 수 있다: 육체의 욕정

---

79) Balthasar, *Glory of the Lord*, 2:104.
80) TeSelle, *Augustine the Theologian*, 111.

은 저등한 즐거움을 사랑하는 자들을, 눈의 욕정은 호기심 많은 자들을, 이 세상에 대한 야망은 교만한 자들을 의미한다(*vera rel*. 38.70).
Hoc modo tria illa sunt notata: nam concupiscentia carnis, voluptatis infimae amatores significat; concupiscentia oculorum, curiosos; ambitio saeculi, superbos.

교만, 호기심, 욕정의 예들에서처럼 영혼 자신 속으로의 내향성(內向性), 영혼 옆으로의 수평적 외향성(外向性), 영혼 밑으로의 하향성(下向性)이 영혼이 가야할 길이 결코 아니다. 영혼 자신의 위를 향한 상향성(上向性) 혹은 상승의 사랑만이 영혼의 의지에 있어 가장 올바른 방향성이다.

그러므로 의지 자체는 중간선에 불과하기 때문에 공통되고 불변하는 선에 결속됨으로써 인간의 첫째가고 위대한 선들을 획득한다. 따라서 의지가 공통되고 불변하는 선에 등을 돌려 배향하고 자신의 고유한[사적인] 선이나 외적인 선이나 열등한 선에로 전향하는 경우에 죄를 짓는다. 의지가 자기 스스로의 권위로 존재하고자 할 때에는 자신의 고유한 선에로 전향하는 것이며, 다른 사람들의 고유한 선이나 자기에게 속하지 않은 것들을 알고자 바쁘게 움직일 때에 외적인 선에로 전향하는 것이고, 육체의 정욕을 사랑할 때에 열등한 선에로 전향하는 것이다. 이러한 방식으로 인간은 교만해지며, 호기심이 많아지며, 음탕해진다.···악이란 불변하는 선으로부터 돌아서는 배향(背向, adversio ab)이며, 가변적인 선들에로 돌아서는 전향(轉向, conversio ad)이다. 다만 그 배향도 전향도 강요된 것이 아니라 자발이므로 자신에게 불행이라는 징벌이 따라옴은 마땅하고 옳은 일이다(*lib. arb*. 2.19.53).
Voluntas ergo adhaerens communi atque incommutabili bono, impetrat prima et magna hominis bona, cum ipsa sit medium quoddam bonum. Voluntas autem aversa ab incommutabili et communi bono, et conversa ad proprium bonum, aut ad exterius, aut ad inferius, peccat. Ad proprium convertitur, cum suae potestatis vult esse; ad exterius, cum aliorum propria, vel quaecumque ad se non pertinent, cognoscere

studet; ad inferius, cum voluptatem corporis diligit: atque ita homo superbus, et curiosus, et lascivus effectus....[S]ed malum sit aversio ejus ab incommutabili bono, et conversio ad mutabilia bona: quae tamen aversio atque conversio, quoniam non cogitur, sed est voluntaria, digna et justa eam miseriae poena subsequitur.

영혼의 하나님으로부터의 "배향"이나 자기 자신, 외부의 동료 영혼들, 혹은 저등한 것들에로의 "전향"은 전적으로 자발적인 것이다. 죄는 오직 자발적으로 행해졌을 때에 죄가 되는 것이다. 악마의 유혹이라는 가설이나 혹은 이웃의 나쁜 영향력조차도 이러한 죄의 자발성의 본질을 덮을 수는 없다. 영혼은 악마나 이웃의 유혹에 자발적으로 설득되었기 때문이다(lib. arb. 3.10.29).

죄악이 하나님에 대한 명상으로부터의 자발적인 배향이라고 한다면, 왜 영혼은 그 자신의 가장 높은 행복을 애초에 포기하게 된 것일까? 아우구스티누스의 표현을 따르면 "의지가 불변하는 선에서 가변적인 선으로 돌아설 때 의지의 그러한 움직임의 원인은 도대체 무엇인가?" 아우구스티누스는 여기서 중요하게도 "무"(無, nothing)라고 대답한다.

> 그대가 이것을 물었을 때 내가 모른다고 대답하면 아마 그대는 슬퍼할지도 모르겠다. 하지만 그럼에도 불구하고 그것이 참된 대답이다. 왜냐하면 무(無, 존재하지 않는 것, nihil)는 알려질 수 없기 때문이다.···그러므로 우리가 죄라고 인정한 배향의 운동은 곧 결핍으로의(defectivus) 운동이다. 그리고 모든 결핍은 무로부터 오는 것이며 그것이 어디에 속하는지 그대가 관찰해 보면 하나님에게 속하지 않는다는 것을 의심치 않을 것이다. 왜냐하면 결핍[의로의 운동]은 자발적인 것이며 우리의 능력 안에 있기 때문이다.···그러나 인간이 스스로 자발적으로 넘어진 것처럼 또한 자발적으로 다시 일어설 수는 없다(lib. arb. 2.20.54).
> Ita quaerenti tibi, si respondeam nescire me, fortasse eris tristior: sed tamen vera responderim. Sciri enim non potest quod nihil est.... Motus ergo ille aversionis, quod fatemur esse peccatum, quoniam defectivus motus est, omnis autem defectus ex nihilo est, vide quo pertineat, et ad

Deum non pertinere ne dubites. Qui tamen defectus quoniam est voluntarius, in nostra est positus potestate.... Sed quoniam non sicut homo sponte cecidit, ita etiam sponte surgere potest.

아우구스티누스는 이제 단지 마니교에서 멀어졌을 뿐만 아니라 자신이 기독교인이 되는데 결정적인 역할을 했던 플로티누스에게서도 어느 정도 독립한 듯하다. 플로티누스의 신플라톤주의는 인간의 자발적인 도덕적 죄 이전에 이미 물질이라는 원초적 악이 존재하였다고 가르쳤다. 플로티누스에 따르면 "우리는 우리 스스로 악의 기원이 될 수 없다. 우리는 우리 스스로 악하지 않다. 이미 우리가 존재하기 이전에 악이 먼저 존재하였기 때문이다"(《에네아데스》 1.8.5). 우주가 존재하기 위해서는 일자에서부터 유출되어 내려오는 여러 등급의 존재들이 있어야 하는 것처럼 그 "마지막 단계인 물질"도 또한 존재해야만 한다. "여기에 악의 필연성이 있는 것이다"(《에네아데스》 1.8.7). "물질의 악은 나약함이나 사악함보다 먼저 존재하였다. 물질이 원초적 악이다"(《에네아데스》 1.8.14). 그러나 하나님의 선한 창조에 대한 기독교 신앙을 받아들인 아우구스티누스는 이러한 플로티누스의 견해를 정면으로 반박하며 악이란 어떤 실체적인 물질도 아니며 영혼이 자발적으로 죄를 짓기 이전에 존재하지도 않았다고 주장한다. 자발적인 죄로서의 도덕적 악 이전에 어떤 악한 것도 존재하지 않았고 허무만이 있었을 뿐이라는 것이다. 우리는 여기서 아우구스티누스가 무에게 일종의 존재론적 지위를 부여하려 시도하고 있지 않다는 것을 이해해야 한다. 만약 그가 그러한 것을 의도했다면 무가 하나님과 함께 공존하는 또 하나의 영원한 원리가 될 것이기 때문이다. 아우구스티누스가 여기서 무를 말할 때는 문자적이고 문법적인 의미에서의 무, 즉 '없다'는 것을 뜻한다.[81] 아우구스티누스는 의지의

---

81) 발타자에 따르면 소외의 운동으로서의 죄에 대한 플로티누스, 오리게네스, 헤겔 등의 조직적이고 변증법적인 체계적 설명과는 달리 "아우구스티누스는…크게 입을 벌리고 있는 죄의 심연에 대해 어떤 한 궁극적인 설명도 제공하기를 거절한다." Balthasar, *Glory of the Lord*, 2:105. 또한 메튜스는 악의 원인으로 무를 지목한 것을 아우구스

궁극성을 넘어서 무한한 소급적 역행을 시도하는 것을 거절한다.

> 그렇다면 의지에 앞서 의지의 어떤 원인이 있을 수 있겠는가? 그 원인이라는 것이 곧 의지 자체이며 따라서 의지의 뿌리에서 더 이상 소급을 할 필요가 없거나, 그렇지 않으면 의지가 아니어서 [의지만이 죄를 지을 수 있기에] 아무 죄가 없거나 둘 중의 하나일 것이다(lib. arb. 3. 17.49). Sed quae tandem esse poterit ante voluntatem causa voluntatis? Aut enim et ipsa voluntas est; et a radice ista voluntatis non receditur: aut non est voluntas; et peccatum nullum habet.

자유의지의 방향이 잘못된 사랑 외에 다른 악의 이유가 있을 수 없으며 이것 외에 더 이상 알아야 할 어떤 것도 없다. 이처럼 의지의 궁극성이 아우구스티누스의 자유의지 신정론이 기초하고 있는 반석인 것이다. 또한 아우구스티누스는 영혼이 자발적으로 타락하였지만 이러한 타락 이후에는 그와 동일한 자발적 방법으로 회복의 상승 운동을 스스로 할 수는 없으며 오직 하나님의 도우심을 통해서 그것이 가능하다는 것을 분명히 한다(lib. arb. 2.20.54; 3.20.55; retr. 1.9.6). 우리는 여기서 이후 아우구스티누스주의의 핵심주장을 발견하게 된다. 곧 영혼의 하강운동은 자발적일 수 있지만 그 상승운동은 은총으로만 가능하다.

하나님은 악의 기원과 관계있는 것이 아니라 초래된 악에 대한 공정한 심판과 관계가 있다. 아우구스티누스는 오직 눈먼 운명만이 있을 뿐 "인간사를 주관하는 하나님의 섭리는 없다"는 주장이나 혹은 "하나님의 섭리가 연약하거나 불공정하거나 악하다"는 주장을 비판한다(lib. arb. 3.2.5). 이에 반해 아우구스티누스는 "하나님은 미래의 모든 일들을 미리 아신다"는 강한 의미에서의 섭리론을 주장한다(lib. arb. 3.3.6). 하나님의 독특한 존재론적·인식론적 위치 때문에 하나님이 미리 아시는 것은 반드시 나중에 실현될 것이다. 그렇다면 그것은 우리가 어떤 필연성에

티누스의 "악의 비존재론화"(deontologizing evil)라고 부른다. Mathewes, *Evil and the Augustinian Tradition*, 240.

따라 죄를 짓게 된다는 것을 의미하는가? 에보디우스가 가슴 깊숙이 묻어두었던 질문을 끄집어내어 물은 것처럼 "하나님의 의지가 곧 나의 필연성인가?"(*lib. arb.* 3.3.7) 여기서 아우구스티누스는 이른바 섭리와 자유의 병행주의(竝行主義, compatibilism)라고 알려진 입장을 취하며, 하나님의 선지적 지식과 영혼의 행동능력은 같은 차원에 속하지 않기 때문에 구분되어야 하며 병행적으로 공존할 수 있다고 주장한다. 영혼의 자발적인 선택의 능력이 하나님의 선지에 의해 없어지지는 않는다는 것이다. 인간인 우리도 어떤 때는 누가 자발적으로 무슨 일을 하게 될 지 미리 아는 경우가 있다. "이와 유사하게 하나님은 자신들의 의지를 따라 사람들이 죄를 짓게 될 것을 미리 아시지만 하나님이 인간에게 죄를 짓도록 강요하는 것은 아니다"(*lib. arb.* 3.4.10). 아우구스티누스는 하나님의 영원하고 변함이 없으며 완전한 지식과 인간 영혼의 자유로운 결정이 존재론적으로 병행할 수 있다고 생각했다. 윤리악의 저자가 하나님일 수 없는데 반해 물리악 곧 죄에 대한 징벌의 저자는 하나님 자신이다. "하나님은 인간의 악의 저자가 아니시며 인간이 겪게 되는 악의 저자가 되신다"(*lib. arb.* 1.1.1). 물리악이란 인간의 도덕적 악에서 기인하는 처벌의 성격을 가진다. 또한 우리는 이미 앞에서 아우구스티누스가 자연적 악, 도덕적 악, 형이상학적 악 모두를 단일하게 도덕적 악으로 환원시키고 있다는 사실을 확인하였다. 따라서 모든 악은 궁극적으로 영혼의 자발적 죄에서 기인하는 도덕적 차원의 문제이다. 하지만 어떻게 죽음과 같이 인간의 존재 조건 자체가 나의 잘못된 도덕적 판단에서 기인한다고 주장할 수 있는가? 내가 태어나서 어떠한 판단을 하기도 전에 이미 플로티누스가 주장했듯 죽음의 악이 미리 존재하지 않았던가? 내가 먼저가 아니라 악이 먼저 있었고 내가 태어나기 이전에 이미 죽음이 있지 않았던가? 아우구스티누스는 이러한 질문들에 대항하여 죄와 악의 기원에 대한 자신의 철저한 의지의 자발주의(自發主義, voluntarism)를 옹호하기 위해 영혼의 기원에 대한 네 가지 가능한 설명들을 소개한다.

아우구스티누스의 영혼의 기원에 대한 네 가지 가설은 다음과 같이 부를 수 있을 것이다: (1) 단일 영혼설, (2) 책임 계승설, (3) 신적 임무설, (4) 자유 추락설(*lib. arb.* 3.20.56-3.21.59). 첫째로, 만약 "하나의 영혼"만이 원래 만들어졌고 모든 개개 인간들의 영혼은 바로 이 하나의 영혼에서 유래한다고 한다면, 최초의 인간 아담이 자발적으로 죄를 지었을 때 우리 모두도 그 속에서 이미 함께 자발적으로 범죄한 것이다(단일 영혼설). 둘째로, 만약 개개인들이 태어날 때 그들의 영혼들이 만들어진다면, "이전의 한 영혼의 과실이 그 이후에 만들어지는 영혼들의 본성을 결정하게 된다"고 생각하는 것이 결코 불합리하지 않다고 아우구스티누스는 본다(책임 계승설). 셋째로, 만약 하나님의 어떤 은밀한 처소에 영혼들이 미리 존재하고 있다가 육체에로 보냄을 받았다고 한다면, 첫 인간으로 인해 사멸성의 징벌 아래에 놓여있는 인간의 육체를 질서로서 잘 다스리고 덕으로 훈련시켜 그 적합한 때가 오면 다시 천상으로 복귀시키는 것이 그들이 보냄받은 "임무"인 것이다(신적 임무설). 넷째로, 만약 미리 존재하고 있던 영혼들이 하나님으로부터 임무를 부여받고 보냄을 받은 것이 아니라 "자기 마음대로" 육체로 내려왔다면, 그러한 자신들의 자발적 선택으로 인해 겪게 되는 어떠한 무지나 수고도 하나님을 탓할 수는 없는 것이다(자유 추락설). 단일 영혼설, 책임 계승설, 신적 임무설, 자유 추락설 중에서 번즈의 분석에 따르면 처음의 단일 영혼설이 하나님의 정의로운 심판에 대한 자신의 신학적 주장에 가장 적합함에도 불구하고, 아우구스티누스는 이 중에서 어떤 한 입장을 올바른 기독교적 설명이라고 선택하는데 크게 관심하지는 않는다.[82] "이러한 견해들 중 어떤 것도 성급하게 긍정되어서는 안 될 것이다"(*lib. arb.* 3.21.59). 대신 아우구스티누스는 이 네 입장들 중에서 어떤 것을 선택하든지 "영혼들은 자기 자신들의 죄에 대한 징벌을 받는 것이다"는 사실을 보여주고자 한다(*lib. arb.* 3.22.63). 바로 이런 이유에서 존 힉의 다음 진술은 다소 오해를 불러 일으킨다. "그보다 철학적인 차원에 있어서 아우구스티

---

82) Burns, "Variations on a dualistic theme: Augustine on the body and the soul," 22.

누스주의의 신정론은 도덕적 악과 자연적 악을 포함한 모든 종류의 악을 그 궁극적인 원인이 되는 바로 이것에[형이상학적 악에] 소급시킨다."[83] 모든 악을 형이상학적 악에 소급시키는 것이 아니라, 번즈가 지적하듯 오히려 아우구스티누스는 형이상학적 악과 자연적 악의 뿌리를 궁극적으로 "교만"이라는 도덕적 악에로 소급시키고 환원시키기 때문이다.[84] 물론 도덕적 악에 집중하는 아우구스티누스의 자발주의가 타락 이후에 태어난 인간의 책임 계승설 혹은 신적 임무설의 경우에서처럼 설명할 수 없는 난제를 가지지 않는 것은 아니다. 둘 모두 자발적 자유의 오용으로 쉽게 설명되지 않기 때문이다. 하지만 아우구스티누스가 이러한 자발주의 전통을 발전시키고자 의도했다는 것은 부인될 수 없다.

아우구스티누스의 자발주의적 입장은 위에서 언급된 난제들 이외에도 유아 혹은 동물의 고통과 죽음을 설명하는 데에도 다소 어려움을 가진다. 유아의 경우는 어쩌면 위의 네 가설 중 어느 하나로 설명이 가능할 지도 모르겠지만 그리 만족스럽지는 않을 듯하다. 또한 동물의 경우도 인간의 타락으로 인한 불가피한 간접적 피해로 설명할 수 있겠지만 그리 만족스럽지 못한 것은 마찬가지다. 바로 이 때문에 아우구스티누스는 유아와 동물의 두 경우에 있어서는 다른 인간들을 위한 교육적(敎育的) 가치라는 추가적인 설명을 제공한다. "어쩌면 사랑하는 어린 자녀들이 고통당하고 죽기까지 하는 것을 통해 그 부모들을 징계하고 교정하기 위해" 하나님이 고통의 악을 허용하는 지도 모른다는 것이다. 현대인에게는 잔인하고 부조리해 보이는 이런 생각에 대해 너무 일찍 도덕적 분노를 드러내기 이전에 우리는 또한 아우구스티누스가 자신이 사랑했던 아들 아데오다투스(Adeodatus)를 389년 혹은 390년에 떠나 보낸 후 이 글을 쓰고 있다는 것을 기억해야 할 것이다. 아우구스티누스는 지금 자신의 비극적 상실에 대해 생각하고 있는 것이다. 그리고 죄없는 유아

---

83) See Hick, *Evil and the God of Love*, 13.
84) Burns, "Augustine on the origin and progress of evil," 67.

들을 위해 하나님은 이 세상 이후에 "선한 보상"을 준비하셨을 것이라고도 그는 믿는다. "고난과 죽음이 지나갔을 때 그것들을 겪은 아이들은 마치 그것들이 전혀 일어나지 않은 것처럼 느낄 것이다"(*lib. arb.* 3.23.68). 동물의 고통과 죽음에 관해서는, 동물이 본능적으로 자기 몸의 통일성과 생명을 보존하려는 욕구에서 드러나듯이 전체 동물계에도 하나님의 초월적인 "아름다움"과 "통일성"이 침투해 있다는 것을 "우리에게 교육하기 위해서" 하나님이 그러한 것들을 허용한다고 아우구스티누스는 생각한다(*lib. arb.* 3.23.70). 결론적으로 아우구스티누스는 피조물이 무엇을 하든 어떤 행동을 하든 상관없이 하나님의 아름다운 정의는 우주에서 언제나 항상 유지된다고 확신한다.

> '해야 할 것을 하지 않은 것'과 '고통받아야 할 것을 고통받는 것' 사이에는 조금의 시간적 간격도 존재하지 않는다. 징벌의 아름다움이 따르지 않은 채 죄의 추함만이 존재함으로 단 한 순간이라도 전체 시간의 아름다움(*temporis universalis pulchritudo*)이 훼손되어서는 안 되기 때문이다. 지금 드러나지 않고 감추어진 징벌이 있다면 그것은 나중에 그 비참함이 보다 공공연하게 드러나고 보다 뼈저리게 느껴지도록 미래의 심판을 위해 유보된 것이다(*lib. arb.* 3.15.44).
> Nullo autem temporis intervallo ista dividuntur, ut quasi alio tempore non faciat quod debet, et alio patiatur quod debet, ne vel puncto temporis universalis pulchritudo turpetur, ut sit in ea peccati dedecus sine decore vindictae. Sed in futurum judicium servatur ad manifestationem atque ad acerrimum sensum miseriae, quidquid nunc occultissime vindicatur.

우주는 항상 완전한 질서를 아름답게 유지하며 범죄와 심판 사이에는 "조금의 시간적 간격"도 없다. 왜냐하면 이 세계가 끝난 후에 미래의 심판이 있을 뿐 아니라 하나님의 떠남이라는 즉각적 심판이 항상 존재하기 때문이다. 하나님의 떠남이란 하나님이 범죄한 영혼을 포기하고 버린다는 것을 의미하는 것이 아니라, 영혼이 자신의 범죄로 인해 하나님으로부터 배향하여 스스로 하나님을 떠남을 가리킨다(*c. Faust*. 21.9). 죄와 징벌이 즉각적이며 동시적인 이유가 바로 여기에 있다. 하나님으로부터 분리되어 떠남보다 더 무거운 징벌은 없기 때문이다. 영혼은 스스로의 자발적 죄로 스스로에게 가장 중대한 징벌을 부과하는 것이다. 하나님의 떠남이란 하나님을 떠남이다.

아우구스티누스는 하나님이 "자유의지를 우리에게 주었어야 했는가?"라는 마지막 도전을 다룬다(*lib. arb*. 2.2.5). 아우구스티누스는 인간론적 차원에서 죄의 저자가 누구인지 즉 인간 의지의 궁극성 혹은 책임성을 이미 명백히 하였다. 하지만 이러한 자유의지의 인간론적(anthropological) 대답이 신학적 문법 자체가 요구하는 신론적(theological) 대답을 대신 할 수는 없다. 또한 그것은 아우구스티누스가 《자유의지론》을 시작할 때 출발점으로 삼았던 기원학적 질문이기도 하다. "만약 하나님이 창조하신 영혼들로부터 죄악들이 나오고, 영혼들은 하나님으로부터 나온 것이라면, 어떻게 죄악들이 최소한 간접적으로나마 하나님에게로 소급되지 않을 수 있는가?"(*lib. arb*. 1.2.4) 이러한 최초의 질문에로의 계속적인 회귀에서 우리는 아우구스티누스의 자유의지 신정론이 표면적으로 가지는 투명한 확실성이 그렇게 궁극적이지는 않은 것이며, 이러한 인간론적 설명 뒤에는 미학적 신정론이라는 신론적 설명이 그림자처럼 드리워져 있는 것을 보게 된다. 예를 들어 아우구스티누스는 이미 태어나기도 전에 어머니의 태중에서 동생인 야곱은 선택되고 형인 에서는 유기된 예정의 사실에 대해 고집스럽지만 번뇌에 가득찬 대답을 한다. "같은 하나의 덩어리에서 한 사람은 버리시고 다른 사람은 의롭다 하시는 주님의 행사에 누가 반문할 수 있단 말인가? 자유 의지는 가장 중요하다. 그건 정말 존재한다. 하지만 죄 아래 팔린 자들에게 있어서 그것이 무슨 가치가 있단 말인가?"(*Simpl*. 1.21) 아우구스티누스는 여기서 자유의지 신정론을 거의 포기하는 듯이 보이기까지 한다. 달리 말해 하나님의 간접적 책임이라는 비난에 대해 아우구스티누스는 두 가지 대답을 제공하는 것 같으며 이들 모두 자유의지보다는 미학적 가치들을 이용하고 있다. 첫째로, 아우구스티누스는 오늘날의 경제학적 용어로 설명한다면 일종의 기회비용(機會費用, opportunity cost)적 계산을 제시한다. 기회비용이란 일정한 생산 때문에 단념된 생산기회의 이익을 평가한 비용을 가리킨다. 이를 신학적으로 아우구스티누스의 경우에 적용하면, 자유의지의 오용 가능성이 자유의지 자체의 선함이나 그 선용의 가능성의 가치를 능가할 수는 없다는 것이다. 우리의 우주는 하나님이 자유의 오용과 남용의 가능성에도 불구하고 자유의 적절한 선용이 가져올 보다 큰 선의 가능성을 선택한 결과이다. 이 때 기회비용으로 하나님이 지불한 것은 자유의 선용이나 오용이 처음부터 불가능한 자유 없는 인간, 라이프니츠가 "영적 로봇"(spiritual automaton)이라 부른 의지 없는 인간의 창조이다.[85] 이러한 기회비용적 계산에서 우리는 영적 로봇보다는 자유의 선용과 오용의 가능성이 공존하는 인간이 보다 가치 있다고 하나님이 판단했다는 것을, 나아가 그러한 판단의 이유로 자유의 선용 가능성이 자유의 오용 가능성보다 최소한 더 가치있다고 하나님이 판단했다는 것을 알 수 있다. 다른 예로 하나님이 손이 행할 모든 추한 범죄의 악용 가능성에도 불구하고 인간에게서 손을 빼앗아 가지는 않으신 이유는 "손이 없을 경우에 신체에 얼마나 큰 선이 결핍되어 있는지" 아시기 때문이다(*lib. arb.* 2.18.48). 그래서 "하나님은 어떠한 악도 존재하도록 허용치 않는 것보다 악으로부터 선을 만들어 내는 것이 더 낫다고 판단하셨던 것이다"(*ench.* 27.8).

둘째로, 아우구스티누스는 처음 변증과도 관련이 되는데 하나님의 이러한 기회비용적 결정이 옳았다는 것을 밝히기 위해서 두 가지 미학론적 변증, 즉 대조적 조화(對照的 調和, contrastive harmony)의 미학과 함께 이른바 풍부함(豊盛, plenitude)의 미학도 제시한다. 먼저 그가 예전처럼 대조적 균형의 조화가 아름다움을 가져온다는 기존의 스토아학

---

85) G. W. Leibniz, *Theodicy: Essays on the Goodness of God, the Freedom of Man and the Origin of Evil*, ed. Austin Farrer and trans. E. M. Huggard (Chicago and La Salle, Illinois: Open Court, 1990), 151.

파적인 미학론을 계속 견지하고 있었다는 사실이 같은 기간에 쓰여진
《참된 종교에 관하여》에서도 잘 드러난다.

> 이 모든 예술에서 즐거움을 주는 것은 조화로운 균형(convenientia)이
> 다. 바로 그것이 통일성을 유지하고 전체를 아름답게 하는 것이다. 조화
> 로운 균형은 동등성과 통일성, 비슷한 부분들의 유사성, 비슷하지 않은
> 부분들의 질서있는 단계적 배열을 추구한다(vera rel. 30.55).
> Sed cum in omnibus artibus convenientia placeat, qua una salva et
> pulchra sunt omnia; ipsa vero convenientia aequalitatem unitatemque
> appetat, vel similitudine parium partium, vel gradatione disparium.

이러한 대조적 조화의 미학은 그 구조의 형태적 틀에 대한 관심에서 자
연스럽게 구조 속에 단계적으로 배열되는 요소 혹은 내용에 대한 관심
으로 전이되고, 이것이 바로 풍부함의 미학이라는 새로운 강조점을 가져
오게 되는 것이다.[86] 하나님은 세계에 모든 종류의 선을 풍부하게 주시
기 위해 "지고의 선들"(덕), "중간적 선들"(자유의지), 그리고 "선한 것들
중 가장 작은 것"(육체) 모두를 허용하셨다(lib. arb. 2.18.50). 보다 작은
선들을 받은 이는 보다 지고의 선들을 받은 이를 시기하고 질투해서는
안 된다. 시기는 이미 사적인 이익과 교만의 표시 곧 죄의 표시이다. 서
로의 다름과 그 독특한 아름다움을 존중해야 하는 것이다. 또한 "만약
자유의지가 선행의 목적을 위해 주어졌다면 그것이 죄악된 오용으로 전
환되는 것이 불가능했어야 했다"는 에보디우스의 논박에 대해, 아우구스
티누스는 그것은 하나님의 우주적 섭리의 아름다운 "총체성"에 대한 무
지에서 기인한 주장이라고 말한다(lib. arb. 2.2.4; 3.5.13). 왜냐하면 죄
악된 오용의 가능성이 전혀 없는 자유의지는 "천상의 보다 고결한 영역
들 안에", 곧 타락하지 않은 "천사들" 안에 이미 존재하고 있기 때문이다
(lib. arb. 3.5.14). 이러한 완벽한 섭리 질서의 "진리"에 대해 무지하면서

---

86) 플로티누스,《에네아데스》3.2.7-3.2.8 참조.

자신의 사적인 "유용성"의 관점에서만 우주를 판단하는 것은 "마치 자기 밭에 작은 나무 한 그루가 부족한 것보다는 혹은 자신의 소유에서 소 한 마리가 부족한 것보다는 차라리 하늘에서 별들 몇 개가 없는게 낫다"고 여기는 것과 마찬가지다. 또한 그것은 "자신이 가장 아끼는 제비의 죽음"보다는 차라리 "한 사람의 죽음"을 택하려는 어린 아이와도 같은 것이다(lib. arb. 3.5.17).

아우구스티누스는 이처럼 거시적이고 우주론적 차원에서 성찰하는 풍부함의 미학을 통해 신정론에서 흔히 발견되는 인간중심주의(人間中心主義, anthropocentrism)의 위험성을 경계하고자 한다. 비록 달은 그 밝기에 있어서 태양보다 훨씬 열등하지만 달은 그 자신의 방식으로 아름다우며 그 고유한 아름다움으로 "전체의 완성"에 기여하는 것이다. 어떤 이가 태양과 달 대신에 두 개의 태양이 있기를 원한다면 그는 우주의 완벽한 질서에 대한 자신의 무지를 드러낼 뿐이다(lib. arb. 3.9.24). 열등한 선은 종종 보다 높은 선에 비교되면서 반대되는 이름으로 불리기도 한다. 예를 들어 "원숭이의 아름다움"은 사람의 아름다움에 비교해서 "흉함"이라고 여겨진다(nat. b. 14). 중세의 유대인 철학자 마이모니데스(Moses Maimonides, 1135-1204)도 이러한 악에 대한 인간중심주의적 관점을 경계하며 에피쿠루스학파에 영향을 받은 무슬림 철학자 라지(Razi)의 "세상에는 악이 선보다 훨씬 많다"는 주장을 다음과 같이 비판한다. "이러한 실수의 전적인 원인은 이 촌놈과 그와 유사한 자들이 존재를 오로지 인간 개인의 관점에서만 고려하기 때문이다."[87] 인간중심주의적 관점에서 실재중심주의적 관점으로의 전환이 일어나야 악의 문제에 대한 적절한 출발점을 확보하는 것이다. 이러한 관점의 전환에 기초해서 아우구스티누스는 자유의지와 그 오용의 가능성을 함께 지닌 인간을 창조하신 하나님의 결정은 궁극적으로 옳았다고 옹호한다.

---

87) Lenn Evan Goodman trans. and ed., *Rambam: Readings in the Philosophy of Moses Maimonides* (New York: The Viking Press, 1976), 287.

모든 것은 우주의 완벽성(perfectio universitatis)에 연관되어 성찰되어야 한다. 천체들 사이에 밝기가 더하거나 덜할수록 그 모든 천체들이 제각기 존재한다는 사실을 그대가 분간하기가 쉬워진다. 만약 보다 크고 우월한 것들과 보다 작고 모자란 것이 함께 존재하지 않는다면 그대는 완전한 우주를 생각할 수 없을 것이다. 바로 영혼들의 차이를 보면서도 그대는 같은 생각을 해볼 수 있으리라. 영혼들에서도 그대가 한탄하는 불행이 나름대로의 가치를 지닌다는 것을 발견하게 될 것이다. 스스로 죄짓는 영혼이 되기를 원하다가 결국 불행해지는 영혼들도 존재한다는 사실이 우주의 완벽성에 기여하게 된다. 하나님이 그러한 영혼들을 만들지 말았어야 했다는 말은 몹시 부당할 뿐이며 오히려 불행한 영혼들보다 훨씬 열등한 피조물들을 만드신 것 때문에도 하나님은 찬미를 받아 마땅하다(*lib. arb.* 3.9.25).[88]

[S]ed ad perfectionem universitatis referens omnia, quanto magis minusve inter se clara sunt, tanto magis cernis esse omnia; nec tibi occurrit perfecta universitas, nisi ubi majora sic praesto sunt, ut minora non desint: sic etiam differentias animarum cogites, in quibus hoc quoque invenies, ut miseriam quam doles, ad id quoque valere cognoscas, ut universitatis perfectioni nec illae desint animae, quae miserae fieri debuerunt, quia peccatrices esse voluerunt. Tantumque abest ut Deus tales facere non debuerit, ut etiam caeteras creaturas laudabiliter fecerit longe inferiores animis miseris.

---

[88] 아우구스티누스, 《자유의지론》, 325 참조. 성염이 지적하듯 아우구스티누스는 여기서 고대 그리스 미학의 전통 특히 플로티누스를 따르고 있다(ibid., 324, 각주 62). 예를 들어 플로티누스는 아우구스티누스가 읽었을 것이 거의 확실한 《에네아데스》 3.2.2에서 이렇게 주장한다. "하나의 지성적 원리에서, 그리고 거기에서 발산되어 나오는 이성 형식에서, 우리의 우주는 태어나오고 그 부분들을 만들어 낸다. 부분들은 불가피하게 서로 조화롭고 유용한 부분들과 서로 부조화롭고 파괴적인 부분들로 대조되어 형성된다.···하지만 부분들이 영향을 끼치고 서로 수용하는 이 모든 것들로부터 하나의 단일한 조화로운 행동이 일어난다. 각자가 자기 자신의 목소리를 내지만, 다스리는 이성 원리에 의해 우주의 목적을 위해서 모든 소리가 일치 속으로 곧 하나의 질서있는 체계 속으로 수용된다."

여기서 아우구스티누스는 우주의 완벽한 아름다움을 위해 실제로 죄를 짓는 영혼들을 하나님이 섭리로서 창조하고 우주 안에 위치시키셨다고 제안하고 있지는 않다. 하나님이 우주의 완전성을 위해 허락한 것은 죄를 지을 수 있는 자유의 가능성을 지닌 영혼들이지 실제로 죄를 짓도록 필연적으로 예정된 영혼들은 아니라고 아우구스티누스는 구분하여 생각한다. 우주의 완전한 아름다움을 위해 "필요한 영혼들은 만약 스스로 원한다면 죄를 지을 수 있는 능력을 지니고 있으며, 죄를 짓게 되면 불행하게 되는 영혼들"이다(lib. arb. 3.9.26).[89] 요컨대 인간은 자유의지라는 형이상학적 조건만을 볼 때 죄를 지어야만 할 그 어떤 필연성도 가지지 않지만, 현실의 모든 인간들을 하나하나 두고 볼 때 모두 보편적으로 죄를 지은 상태에 놓인 것을 발견하게 된다. 따라서 전자의 상황은 형이상학적 인간론의 차원에서 작용하는 아우구스티누스의 자유의지 신정론과 관련이 되며, 이미 타락 이후의 현실이라는 후자의 상황은 창조라는 하나님의 결정이 그럼에도 옳았음을 변증하는 아우구스티누스의 미학적 신정론의 가치들(대조적 조화, 총체성, 풍부함에서 생겨나는 아름다움)과 관련이 된다. 아무도 죄를 지을 필연성이 없었지만, 또한 현실에서 죄짓지 않은 이는 아무도 없다.

아우구스티누스는 아름다움에 대한 열정적인 갈망을 통해 하나님에게로 나아간 신학적 시인(神學的 詩人, theological poet)이다. 신학자는 논리만 보고 시인은 아름다움만 보지만, 그는 아름다움의 논리를 보았던 신학적 시인이다. 아우구스티누스가 본 하나님의 아름다움은 풀의 꽃처럼 부질없이 떨어지는 시간 속의 아름다움이 아니었고, 지역이나 나라마다 달라지는 공간 속의 아름다움도 아니었다. 그것은 존재도 아니며, 존재의 아름다움도 아니다. 존재의 아름다움을 떠받치고 있는 아름다움,

---

89) 하지만 어쩌면 아우구스티누스의 이런 미묘한 구분이 우리에게는 그리 큰 의미를 가지지 못할 수도 있을 것이다. 왜냐하면 천사의 자유의지와 인간의 자유의지를 구분할 수 있는 유일한 기준은 최소한 우리의 인간적 지식에 있어서는 자유의지의 실제적 타락으로 인한 죄의 존재 유무이다.

존재의 아름다움의 기원론적 근거인 아름다움, 존재의 아름다움의 아름다움이 바로 그가 본 하나님의 절대 아름다움이다. 거기에는 더 이상 인간 인식의 한계로 인한 진리, 선함, 아름다움이라는 구분도 없다. 진리가 아름답게 드러나고 선한 지혜가 아름답게 설득하는, 존재가 태어나는 고향이며 존재의 순례가 마침내 쉼에 도달하게 되는 최종 종착점이 바로 하나님이다. 아우구스티누스에게 "지혜, 진리, 그리고 아름다움은 하나님의 존재 안에서 하나이다"라고 오코넬은 해석한다.[90] 변하지 않는 존재의 질서의 광채! 아우구스티누스의 《자유의지론》은 그가 본 "진리와 지혜의 아름다움"이신 하나님을 이렇게 묘사하고 있다.

> 만약 내가 빛을 보고 소리를 듣는 쾌락을 항상 가지더라도, 짐승들조차도 나와 함께 그것을 공유하는 것을 볼 때 그것이 나에게 무슨 큰 유익이 있겠는가? 하지만 저 진리와 지혜의 아름다움은 누구나 그것을 향유하려는 지속적인 의지만 있다면 아무리 많은 청중이 가까이 온다고 해서 아무도 배제하는 일이 없다. 그것은 시간에 따라 흘러가 버리는 일도 없으며 공간에 따라 변하는 일도 없다. 그것은 밤에 의해 방해받지도 않으며 그림자에 의해 감추어지지도 않는다. 그것은 신체적 감각들에 지배받지도 않는다. 그것은 온 세상에서 자기를 사랑하여 자기에게로 향하는 모든 이들에게 더없이 가깝고, 모든 이들에게 영속하며, 어느 한 장소에만 있지는 않으면서도 어느 곳에도 부재하는 일이 없다. 그것은 밖으로부터 사람을 훈계하고 안으로부터 사람을 가르친다. 그것은 자기를 관조하는 이들 모두를 보다 선하게 변화시키지만 그 누구에 의해서도 보다 나쁘게 변화되지는 않는다. 그 누구도 그것을 판단할 수는 없지만 그 누구도 그것 없이는 올바르게 판단할 수 없다(*lib. arb.* 2.38).
> Postremo etiam si adesset semper suavitas, et lucis videnti, et vocis audienti, quid magnum ad me perveniret, cum mihi esset commune cum belluis? At illa veritatis et sapientiae pulchritudo, tantum adsit perseverans voluntas fruendi, nec multitudine audientium constipata secludit venientes, nec peragitur tempore, nec migrat locis, nec nocte

---
90) O'Connell, *Art and the Christian Intelligence*, 1-2.

intercipitur, nec umbra intercluditur, nec sensibus corporis subjacet. De toto mundo ad se conversis qui diligunt eam, omnibus proxima est, omnibus sempiterna; nullo loco est, nusquam deest; foris admonet, intus docet; cernentes se commutat omnes in melius, a nullo in deterius commutatur; nullus de illa judicat, nullus sine illa judicat bene.

아름다움을 피부 두께에서 찾는 현상은 아주 근대적인 발상이다. 하지만 아우구스티누스가 본 "진리와 지혜의 아름다움"은 단지 감각적 아름다움을 넘어서서 고대세계가 보았던—특히 피타고라스와 플로티누스가 보았던—지성적 아름다움인 것이다.[91] 지성적 아름다움 혹은 진리와 지혜의 아름다움은 우리의 감각을 통한 인식조건을 통과해서 초월한다.

우리의 감각적 심미의식은 그 본질적인 시공간(時空間)적 구조 때문에 하나님의 지성적 아름다움을 인식하는데 한계를 가질 수밖에 없다. 감각적 아름다움과 시간의 관계가 그러하다. 어떤 가수가 무대에서 독창을 할 때 "그 어느 소리도 동시에 통째로 울리는 경우는 결코 없으며, 오직 시간을 통해서 연장되어 한 소리가 먼저 나고 다른 소리가 뒤따르기 마련이다"(*arb. lib.* 2.38). 아우구스티누스가 종종 불렀던 찬미가 "만물의 창조자 하나님"(Deus creator omnium)을 예로 들어보자(*mus.* 6. 2). 이 노래의 가사 전체를 한꺼번에 부를 수 있는 천재적인 가수는 인간의 시간 속에는 존재하지 않는다. 오직 인간은 "Deus"를 부른 후에 "creator" 소절과 "omnium" 소절을 연이어 노래할 수 있을 뿐이다. 감상자도 소리의 조각들을 순차적으로 들을 수 있을 뿐이다. 시간은 결코

---

91) 오코넬은 이러한 신성한 아름다움을 보다 구체적으로 "진리-아름다움"(Truth-Beauty)이시며 "기독교 삼위일체의 두 번째 인격"이신 "영원한 그리스도"라고 해석한다. 이러한 진리-아름다움이신 영원한 그리스도가 성육하시어서 스스로 감각적인 "외적 훈계"(foris admonet)가 되셨고, 다른 세계의 여러 아름다운 사물들처럼 자신의 삶과 가르침의 아름다움을 통해 초월적 하나님의 아름다움에로 영혼을 이끌어 가는 역할을 한다고 보았다. O'Connell, *Art and the Christian Intelligence*, 45.

존재 전체를 한꺼번에 전달하지 않는다. 그리고 인간의 존재는 그런 시간 속에 흩어져 있다.

감각적 아름다움과 공간의 관계도 마찬가지다. 공간도 존재의 아름다움 전체를 전달할 수는 없다. 이번에는 시간이라는 변수는 제외시키고 앞의 노래의 예로 다시 돌아가 보자. "어떤 이가 감미로운 노래를 영원히 부를 수 있다 할지라도 그를 듣고자 갈망하는 사람들은 다투어 경쟁하듯 빽빽이 몰려 들 것이다. 사람들이 많으면 많을수록 서로 밀치며 그 가수에게서 되도록 가까운 자리를 차지하려고 싸움질까지 할 것이다. 하지만 그의 노래를 들으면서도 아무 것도 남는 것이 없고 단지 스쳐가는 소리만이 남을 뿐이다"(*arb. lib.* 2.38). 공간은 난장판이다. 시간의 제약을 극복하더라도 공간은 또 다른 벽이다. 서로 다른 존재들이 동일한 공간을 공유할 수는 없기 때문이다. 화이트헤드(A. N. Whitehead)가 가르쳐주었듯 존재는 공간의 약탈이다.[92] 내가 한 자리를 차지하면 그 자리만큼은 어느 누구도 차지할 수 없다. 그리고 내가 그 자리에서 듣는 소리는 음색, 강도, 느낌 등에서 타인이 다른 자리에서 듣는 소리와 결코 같을 수 없다. 소리는 공간에 따라 다르게 부딪친다. 공간의 공유가 없기 때문에 공간 전체의 경험도 없다.

공간은 시간화되어 존재의 지연을 가져오고, 시간은 공간화되어 존재의 산포를 가져온다. 이렇게 전체가 되지 못하는 부분성 혹은 파편성에 감각적 아름다움의 비극이 놓여있다. 시간처럼 공간도 존재를 지체시키고 공간처럼 시간도 존재를 흩어버린다. 시공간 속에서는 아무도 진정한 존재 전체의 아름다움에 접근할 수 없게 된다. 이처럼 우리의 감각은 존재조차도 온전히 전달할 수 없으면서 하물며 존재의 근거인 하나님을 시공간을 통해 온전히 접근한다는 것은 더더구나 불가능한 일이다. 짐승들조차도 공유하는 이러한 신체적 혹은 감각적 심미감과는 대조적으로

---

92) Alfred North Whitehead, *Process and Reality*, corrected edition (New York: The Free Press, 1978), 160 (페이지 번호는 초판을 따랐음).

진리와 지혜의 아름다움은 우리로 하여금 장소 때문에 경쟁하게 만들지도 혹은 시간 때문에 서두르게 만들지도 않는다. 아침에 피었다가 저녁에 지는 그런 아름다움과는 다른, 어떤 곳에서 약탈되거나 수집되어 박물관에 가두어지는 그런 아름다움과는 다른, 사람마다 입맛이 다른 것처럼 감상자마다 평가가 달라지는 그런 아름다움과는 다른, 시력을 잃은 자는 볼 수 없고 청력을 잃은 자는 들을 수 없는 그런 아름다움과는 다른, 아우구스티누스가 열망한 초월적 아름다움은 지성세계의 아름다움, 진리와 지혜의 아름다움, 아름다움의 근거 자체이신 하나님이었다.

9. 《고백록》(397-401): 아름다운 지옥

너무 늦게 사랑하게 되었습니다, 아득하게 오래되고 가장 새로운 아름다움이시여! 너무 늦게 당신을 사랑하게 되었습니다. 보십시오, 당신은 제 안에 계셨는데 전 문밖에서 당신을 찾아 헤매였습니다. 당신이 만드신 아름다운 것들을 향해 추하고도 성급하게 달려들었습니다. 당신은 저와 함께 계셨으나 전 당신과 함께 있지 않았습니다. 그 미물(美物)들이 당신으로부터 아주 멀리 절 잡아두었습니다. 당신 안에 있지 않았다면 존재하지도 않았을 그것들이 말입니다. 하지만 당신께서 부르시고 소리쳐 외치시어 제 귀먹음을 깨뜨리셨습니다. 당신은 눈부시게 찬란하고 환하게 비치시어 제 눈멀음을 쫓으셨습니다. 당신의 향내에 제 숨을 들이쉬며 당신을 갈급해합니다. 당신을 맛보고 당신을 배고파하며 당신을 목말라합니다. 당신이 절 만지셨기에 저는 당신의 평화를 향해 타오르고 있습니다(*conf.* 10.27.38).

Sero te amavi, pulchritudo tam antiqua et tam nova! sero te amavi! Et ecce intus eras, et ego foris, et ibi te quaerebam; et in ista formosa quae fecisti, deformis irruebam. Mecum eras, et tecum non eram. Ea me tenebant longe a te, quae si in te non essent, non essent. Vocasti, et clamasti, et rupisti surditatem meam. Coruscasti, splenduisti, et fugasti caecitatem meam. Fragrasti, et duxi spiritum, et anhelo tibi. Gustavi, et esurio, et sitio. Tetigisti me, et exarsi in pacem tuam.

《고백록》(*Confessiones*, 397-401)은 아우구스티누스의 가장 아름다운 글이다. 성서의 《아가서》 전통을 이으며 하나님과의 사랑의 관계를 육감적이고 미학적인 언어로 생생하게 표현하고 있다. 특히 여기서 그는 청각, 시각, 후각, 미각, 촉각의 다섯 가지 미학적인 감각경험을 통해 하나님의 아름다움 자체가 지닌 찬란한 투명성과 따뜻한 온기를 고스란히 우리에게 느끼게 해준다. 하지만 동시에 《고백록》은 인간의 가장 어두운 어둠을 치열한 솔직함으로 드러내어 준다. 아우구스티누스는 하나님에 대해 눈멀고 귀먹은 인간 존재의 무지라는 징벌적 상태를 시간 속에서 영혼이 이런 저런 방향들로 분주하게 잡아당겨지고 겨지는 아픈 팽창으로 묘사한다. "저는 그 질서를 이해할 수 없는 시간 속에 흩어져 있습니다"(*conf.* 11.29.39). 그럼에도 불구하고 그는 하나님의 전체 창조질서의 선하심에 대한 성서의 증거 본문으로서 창세기 1장 31절을 여러 번 반복해서 언급하면서 시간과 역사 그리고 우주 전체의 정의로운 섭리에 대한 확신을 가졌다.[93] 아우구스티누스는 자신이 이러한 섭리의 총체성에 대해 성찰할 때 더 이상 그 안의 개별적인 것들이 나아지기를 소원하기를 그쳤다고 고백한다.

시간 안에 존재한다는 것은 이미 영혼이 징벌을 받은 상태를 가리킨다. 다른 지성적 존재들이 하나님에게 순종하며 그 주위에 머물러 있는 반면, "인간의 영혼"은 천상에서 시간의 영역 속으로 추락하였다(*conf.* 13.8.9). 아우구스티누스는 악의 본질이 바로 의지가 지닌 "선의 결핍"(privatio boni)이라는 것을 보다 생생하게 강조하기 위해 자신의 과거 성적인 습관, 호기심, 사악한 생각 등에 대한 여러 에피소드들을 세심하게 배열하면서 설명한다(*conf.* 3.7.12; *div. qu.* 6; *nat.* b. 4; *ench.* 11). 영혼의 원래적 본성과 그것에 적절한 고유한 질서는 결핍의 상태로 변하게 되었다는 것이다. 아우구스티누스는 악이 일어나게 되는 원인이 바로

---

93) 창세기 1장 31절: "하나님이 지으신 그 모든 것을 보시니 보시기에 심히 좋았더라."

어떤 존재론적 실체로서의 결핍이나 무라고 설명하는 것이 아니라, 영혼의 가장 올바른 거주지며 안식처인 하나님으로부터 이탈한 관계성의 상실이 곧 악이라는 것을 보여준다. 선의 결핍이란 악의 증상이지 원인이 아니다. 자기 스스로의 교만으로 인해 초월적 통일성의 하나님으로부터 등을 돌리고 돌아섬으로써 인간 영혼은 "부동일성(不同一性)의 영역"(regio dissimilitudinis) 속으로 추락하게 된 것이다(*conf.* 7.10.16). 여기서 아우구스티누스가 사용하는 가장 강렬한 이미지들 중 하나는 영혼의 두 상반된 움직임 혹은 운동방향으로서의 "팽창"과 "집중"이다. 영혼의 팽창은 시간 속으로의 추락을 가리키며, 집중은 영원으로 돌아가는 영혼의 길이다. 영혼은 교만으로 인해 바깥으로 팽창하면서 시간 속으로 산산히 흩어지게 된 것이다. 그리고 영혼의 귀환은 그것을 다시 일자(一者) 속으로 모아 들이는 그리스도의 낮아짐과 겸손을 배움으로써만 가능하다.

> 내 삶이 어떻게 여기 저기로의 팽창인지 보십시오. 나의 주님 안에서 '당신의 오른손이 나를 붙들고'[시편 17:36] 계십니다. 주님은 한 분(一者)이신 당신과 다자(多者)인 우리들 사이의 중재자가 되시는 인간의 아들이십니다. 그분은 많은 것들을 통해서 많은 사람들 가운데서 사셨습니다. '그분이 나를 사로잡으셨으므로, 나도 그분을 붙들려고 좇아가고 있습니다'[빌립보서 3:12]. 과거를 잊고 이전의 날들을 뒤로 하며 나를 다시 추스려 한 분을 따르고자 합니다. 덧없이 사라지는 미래의 것들 안에서가 아니라 내 앞에 있는 것들 안에서, 끝없이 팽창함을 통해서가 아니라 미치는 범위 안에서의 확장을 통해서, 팽창(distentio)이 아니라 집중(intentio)을 통해서 한 분을 따르고자 합니다.···주님 당신은 나의 위안이시며 나의 영원한 아버지이십니다. 하지만 저는 그 질서를 이해할 수 없는 시간 속에 흩어져(dissilio) 있습니다. 종잡을 수 없는 거친 사건의 폭풍들이 내 생각과 내 영혼의 가장 깊숙한 창자들을 갈기갈기 찢어버립니다. 당신의 사랑의 불로 깨끗이 정화되고 녹아져서 다시 당신 속으로 합류하는 그 날까지는 말입니다(*conf.* 11.29.39).

[E]cce distentio est vita mea, et me suscepit dextera tua in Domino meo mediatore Filio hominis inter te unum et nos multos, in multis per multa, ut per eum apprehendam in quo et apprehensus sum, et a veteribus diebus colligar sequens unum, praeterita oblitus; non in ea quae futura et transitura sunt, sed in ea quae ante sunt, non distentus, sed extentus, non secundum distentionem, sed secundum intentionem ...Et tu solatium meum, Domine, pater meus aeternus es: at ego in tempora dissilui, quorum ordinem nescio; et tumultuosis varietatibus dilaniantur cogitationes meae, intima viscera animae meae, donec in te confluam purgatus et liquidus igne amoris tui.

영혼의 시간 속으로의 "팽창"이라는 아우구스티누스의 이미지는 아마도 플로티누스에게서부터 온 것으로 보인다.[94] 플로티누스는 "다자(multiplicity)는 통일성(Unity)으로부터 떨어져 추락함이다"라고 말하였다(《에네아데스》 6.6.1; cf. 3.7.11). 아우구스티누스도 이와 유사하게 시간과 마음 사이의 긴밀한 관계에 주목한다. "시간이란 단지 팽창이다"라고 그는 생각하게 되었고, 또한 그러한 시간은 "마음의 팽창"과도 동일하다고 여겼다(conf. 11.26.33). 시간과 마음 둘 다 흩어지는 팽창이라는 것이다. 바로 이 때문에 아우구스티누스는 시간이 어떤 외적인 물리적 실체라고 해석하지 않으며, 오히려 마음의 움직임이라는 아주 현대적이고 거의 화이트헤드의 시간관과도 흡사한 견해를 제시한다.[95] 또한 아우구스티누스는 영혼의 징벌받는 상태를 강조하기 위해 종종 스쳐 소멸해가는 시간이라는 모티프를 자주 사용한다. 과거는 마음의 기억이고,

---

94) Augustine, *Confessions*, 244 각주 31 참조.
95) 화이트헤드는 시간과 공간을 절대적이고 단순하고 중립적인 어떤 것이라고 본 뉴튼적(Newtonian) 세계관의 오류를 비판한다. 이러한 잘못 놓여진 구체성의 오류에 대항하여 그는 시간을 "과거의 기억, 현실화의 즉각성, 그리고 다가올 것들에 대한 지시" (memory of the past, immediacy of realisation, and indication of things to come)라는 일종의 심리학적 시간관을 제시한다. Alfred North Whitehead, *Science and the Modern World* (New York: The Macmillan Company, 1925), 103을 참고하라.

현재는 마음의 주목이며, 미래는 마음의 기대라는 것을 보여주기 위해 암브로시우스의 저녁 찬미가 "만물의 창조자 하나님"(Deus Creator omnium)의 예를 여기서도 다시 언급한다(*conf.* 9.12.32; 11.27.35-11. 28.38). 시간을 규정하는 것은 마음의 활동이며 움직임이다. 하지만 인간의 마음은 과거, 현재, 미래의 시간들 속으로 흩어져 있고 팽창되어 있어서 그것들을 하나의 통일된 총체성으로 모아들이지 못한다. 이와는 대조적으로 하나님의 마음 혹은 지식은 비시간적이며 시간 너머의 차원에 있기 때문에 시간과 영원을 비교하는 것은 불가능하다. 우리 인간은 사건들을 오직 순차적으로 알 수 있지만 하나님은 그 모두를 동시에 영원히 아신다. "영원함 속에서는 아무 것도 순간적이지 않으며 전체가 현존하고 있다"(*conf.* 11.11.13).

아우구스티누스가 이렇게 시간과 마음을 연결시키는데 있어서 분명한 변증적 이유를 가지는 듯 보인다. 그는 인간 영혼의 시간적 존재성은 그 자체로 자신이 천사같은 존재로 선재하고 있을 때 지은 죄의 징벌이라고 주장한다. 마음의 죄가 시간이라는 결과를 가져왔다는 인과관계로서 시간과 마음이 연결되고 있는 것이다. 비록 영혼의 선재에 대한 네 가지 가설 중 자신은 어떤 것이 맞다고 생각하는지 밝히지는 않지만, 아우구스티누스는 아담의 타락은 어떤 방식으로든 모든 인류 개개인의 타락이기도 하다고 전제한다. 결과적으로 인간의 시간적 유한성이 형이상학적 악으로 여겨지더라도, 그것은 영혼 혹은 마음의 자발적 행동의 결과이기에 하나님이 비난받을 수는 없는 것이다. 공평한 정의가 부재한 우주는 아름다울 수 없기 때문이다. 더군다나 하나님은 이러한 범죄조차도 전체의 완성을 위해 선용하신다. 또한 그리스도가 그의 적합한 시간에 따라 보냄을 받은 것이다. 예수 그리스도를 지혜로운 교사로 여기던 아우구스티누스의 초기 견해는 점진적으로 하나님의 초월적 통일성과 인간의 시간적 다수성을 중재하는 구속자라고 하는 보다 존재론적인 견해로 발전된다. 그리스도는 단지 "뛰어난 지혜의 사람"만이 아니라 "진리의 구체적인 인격화"이다(*conf.* 7.19.25). 그리스도는 영원의 동시성 안에 존재하던 "영원한 이성"이셨음에도 불구하고 스스로 겸손한 낮아짐을 통해 자신을 시간적 존재 속으로 비우셨기 때문에 중재자가 되실 수 있는 것이다(*conf*. 11.7.9). 따라서 우리는 고요히 멈추어서 내적으로 집중하며 그의 말씀을 들음으로써 가르침을 받고 훈련되어야 한다. 그리스도가 성례전적 혹은 상징적 중재물이라는 아우구스티누스의 초기 사상은 여기서도 여전히 유효하다. 그리스도는 우리의 어두움과 구름을 뚫고 비추는 지혜이며, 우리의 눈이 강건해져서 태양 자체를 직접 쳐다볼 수 있게 될 때까지는 연약한 자를 성서의 말씀들과 상징들이라는 그림자 혹은 "숲"으로써 양육하신다(*conf*. 11.9.11; 13.15.18; 11.2.3). 나중에 아우구스티누스는 그리스도의 죽음과 부활을 우리 자신들의 죽음과 부활을 위한 "모범"이자 "성례전"이라고 한다(*Trin*. 4.1.6).

시간의 드라마 혹은 구원의 역사는 그것이 끝날 때까지는 평가될 수 없다. 우리가 경험하는 모든 것은 오직 부분적일 뿐이며 그러한 부분들이 속해 있는 전체에 대해 우리는 무지하기 때문이다. 하나님의 전체 진리를 보게 될 그 날까지는 우리는 세계의 사물들과 동료 영혼들을 포함한 우리의 부분적 경험들을 지혜롭게 사용하여야 한다(*conf*. 4.11.17; 4.12.18). 우리가 우주 안의 아름다운 것들을 주목하게 될 때 "우리는 당신의 하나님이 아닙니다, 우리 너머를 보세요"라고 그것들은 대답한다(*conf*. 10.6.9). 시간적 아름다움이 사물들의 스쳐 지나감과 새로 다가옴을 통해 이루어지지만, 그것이 아직 전체로서의 진리의 변하지 않는 아름다움은 아닌 것이다(*div. qu*. 44; *nat*. b. 8). 이미 아주 오래전에 자신의 잃어버린 최초의 저작《아름다움과 적합성에 관하여》에서 아우구스티누스는 진정한 아름다움을 "일종의 총체성"이며 "그 자체로 즐거움을 주는 것"이라고 정의내린 적이 있다(*conf*. 4.13.20; 4.15, 24). 창세기 1장 31절에 따르면 모든 개개 부분들은 그것들이 존재하게 되었을 때 하나님이 "좋았더라"고 말씀하셨지만, 모든 부분들이 함께 보아졌을 때는 "심히 좋았더라"고 말씀하셨다(*conf*. 7.12.18). 따라서 부분적 악이란 어쩌면 존재하지 않는지도 모른다. 다만 부분적 선과 그보다 뛰어난 지고

한 보편적 선만이 존재하기 때문이다. 아래는 이러한 아우구스티누스의 총체성(總體性, totality)의 미학과 대조적 조화(對照的 調和, contrastive harmony)의 신정론을 잘 표현하고 있다.

악이란 당신에게는 전혀 존재하지 않습니다. 당신뿐만 아니라 당신이 창조하신 우주에서도 존재하지 않습니다. 당신께서 만드신 질서를 외부로부터 침범해와서 훼손시킬 수 있는 그 어떤 것도 존재하지 않기 때문입니다. 물론 우주의 어떤 부분들에 있어서는 서로 조화롭게 들어맞지 않기에 악으로 믿어지는 것들이 있기는 합니다. 하지만 그것들은 또 다른 부분들에 조화롭게 들어맞으며, 그렇기 때문에 선할 뿐 아니라 그것들 자체로도 선합니다.···이제 '그것들은 존재하지 말았어야 했다'고 말하지 않게 되었습니다. 만약 사물들을 고립적으로만(sola) 생각한다면, 보다 낫게 개선하고 싶은 것도 진정 있습니다. 하지만 이제 그것들을 고립적으로 생각할 때조차도 그것들 때문에 당신을 찬양하는 것이 저의 의무입니다. 당신이 명하신 대로 따르는 땅의 용들과 모든 심연들, 불과 우박, 눈과 서리, 세찬 바람과 폭풍우, 모든 산과 언덕들, 모든 과일나무와 백향목들, 모든 들짐승과 가축들, 기어다니는 것과 날아다니는 새들, 세상의 모든 임금과 백성들, 세상의 모든 고관과 재판관들, 총각과 처녀, 노인과 아이들이 모두 당신이 찬양받아야 함을 보여주고 있으며 당신의 이름을 찬송합니다[시편 148편].··· 이제 더이상 개별적인 것들이 나아지도록 원치 않는 것은 모든 것들의 총체성(omnia)을 생각하기 때문입니다. 보다 우월한 것이 보다 열등한 것보다 분명 나은게 사실입니다. 하지만 더 철저하게 판단해볼 때, 보다 우월한 것만이 혼자 있는 것보다는 모든 것들이 함께 있는 것이 더 낫다는 것을 알게 됩니다(conf. 7.13. 19).

Et tibi omnino non est malum, non solum tibi, sed nec universae creaturae tuae; quia extra non est aliquid quod irrumpat, et corrumpat ordinem quem posuisti ei. In partibus autem ejus quaedam, quibusdam quia non conveniunt, mala putantur: et eadem ipsa conveniunt aliis, et bona sunt, et in semetipsis bona sunt. ... Et absit jam ut dicerem, Non essent ista: quia etsi sola ista cernerem, desiderarem quidem meliora, sed jam etiam de solis istis laudare te deberem; quoniam laudandum te

> ostendunt de terra dracones et omnes abyssi, ignis, grando, nix, glacies, spiritus tempestatis, quae faciunt verbum tuum: montes et omnes colles, ligna fructifera et omnes cedri; bestiae et omnia pecora, reptilia et volatilia pennata; reges terrae et omnes populi, principes et omnes judices terrae; juvenes et virgines, seniores cum junioribus laudant nomen tuum....[N]on jam desiderabam meliora, quia omnia cogitabam; et meliora quidem superiora quam inferiora, sed meliora omnia quam sola superiora, judicio saniore pendebam.

만약 악이 "용들," "심연들," "불과 우박," "눈과 서리," "세찬 바람과 폭풍우" 같이 자연적인 사물 혹은 실체라고 믿는다면, 그러한 의미에서의 악은 존재하지 않음을 아우구스티누스는 이미 오래 전에 분명히 했다. "자연적 악이란 없다"(*Gn. adv. Man.* 2.29.43). 이러한 것들은 단지 자연의 운행 질서로서 하나님의 창조적 말씀을 따르고 있을 뿐이다. 우리가 근시안적 견해를 가지고 사적인 이익에만 집중해서 이것들을 평가한다면 차라리 이것들이 없었으면 좋겠다고 생각할 것이다. 하지만 아우구스티누스는 우리가 보다 철저하게 사물의 질서 전체를 함께 사유하면서 그러한 것들도 어떤 필연적 이유를 가짐을 보아야 한다고 주장한다. 이미 《참된 종교에 관하여》에서 아우구스티누스는 "행복한 벌레"보다는 "슬퍼하는 인간"이 낫다는 것을 우리가 인정해야 하지만, 동시에 그 벌레의 아름다움도 거짓 없이 오래도록 칭송할 수 있다고 그는 말한 적이 있다(*vera. rel.* 41.77). 부분도 아름답지만, 전체는 보다 더 아름답다. 바로 이러한 총체성의 미학에 기초해서 아우구스티누스는 자신이 "이제 더이상 개별적인 것들이 나아지도록 원치 않는 것은 모든 것들의 총체성(omnia)을 생각하기 때문입니다"라고 밝힌다.

아우구스티누스는 자신의 총체성의 미학적 신정론을 단지 자연적 질서에만 적용하는 것이 아니라 지성적 존재들로 이루어진 도덕적 질서에도 적용시킨다. "쉼없이 분주하고 사악한 자들"이 하나님으로부터 도망하고자 스스로 바쁘게 움직이지만, 하나님은 모든 곳에 존재하셔서 그들의 악행을 다스리신다. 또한 그들의 악행조차도 우주 전체의 아름다움을 보다 증진시키는데 사용하신다. "비록 악행들이 추악함에도 불구하고 그러한 것들조차도 함께 모든 것이 아름답다"(conf. 5.2.2). 하나님은 이성적 의지를 지닌 영혼들을 죄인의 자리에로 섭리하시지는 않지만, 죄인들을 심판의 자리에로는 섭리하신다. "그들이 자발적으로 기꺼이 범죄 속으로 타락하였지만, 이번에는 본의가 아니게 심판 속으로 떨어질 것이다." 하나님은 "올바르지 못한 자들조차도 올바르게 질서짓는 방법"을 아신다. 이러한 우주적 아름다움이 하나님의 정의에 기초하고 있기 때문에 여기서는 지옥조차도 그 독특한 치수, 형태, 질서로 이루어진 아름다움을 가지게 된다.

> 사악한 자들을 고문하기 위한 영원한 불(ignis aeternus)조차도 그 자체로 악한 것이 아니다. 어떤 불공정에 의해서도 빼앗길 수 없는 그 자신의 치수, 형태, 질서를 영원한 불이 가지기 때문이다. 하지만 저주받은 자들에게 그것은 악한 고문이며 그들의 죄에 합당한 것이다(nat. b. 7. 38).[96]
> Nam nec ipse ignis aeternus, qui cruciaturus est impios, mala natura est, habens modum et speciem et ordinem suum, nulla iniquitate depravatum: sed cruciatus est damnatis malus, quorum peccatis est debitus. Neque enim et lux ista, quia lippos cruciat, mala natura est.

지옥조차 포함해서 아름다운 하나님의 우주에서 아름답지 않은 존재란 존재할 수 없다. 우리가 지금 지옥을 고립시켜 그것만을 생각한다면 분명 추하게 느낄 것이나, 밤도 없고 끝도 없는 영원한 안식일이 도래하게 될 때에는 그러한 지옥의 아름다움조차도 이해할 수 있게 될 것이다. 하나님이 그때에는 우리로 하여금 "시간 안의 존재들, 시간 자체, 그리고 시간 밖의 쉼"을 모두 보도록 허락하실 것이기 때문이다(conf. 13.37.52). 영혼이 시간 안에서 산산히 흩어지고 깨어지는 심리적 경험이 아우

---

[96] 아우구스티누스는 지옥을 "바깥쪽의 흑암" 혹은 우주의 "멀리 떨어져 있는 부분"이라고도 부른다(vera rel. 54.104-105).

구스티누스에게는 너무도 고통스러웠기 때문에 채드윅(Henry Chadwick)이 지적하듯 그는 구원을 "시간으로부터의 구조"라고 여기기까지 한다.[97] 시간 밖의 영원한 안식일이 올 때까지는, 곧 "우리의 가슴이 당신 안에서 쉼을 얻을 때까지는 우리는 쉼을 찾지 못할 것이다"(conf. 1.1.1). 시간 안에서 영혼의 아름다움에 대한 순례는 오직 아름다움의 기원에 도달할 때에만 쉼을 얻게 된다. 아름다움 자체이며 사물들의 아름다움의 기원이 되시는 "주님, 당신은 아름다우십니다"(conf. 11. 4.6).

10. 《신국론》(413-427): 그리스도의 아름다움과 "칸티쿰 그라두움"(Canticuum graduum)

아우구스티누스가 죽기 4년 전에 완성한 《신국론》(De civitate Dei, 413-427)은 그가 일생동안 대조적 조화의 아름다움이라는 개체 사상에 기초한 미학적 신정론을 발전적으로 고수해 왔다는 사실을 보여준다. 그가 일찍이 개종을 결심한 후 386년에서 387년 사이에 카시키아쿰에서 피정하며 쓴 《질서에 관하여》에서 제시한 최초의 미학적 신정론에서처럼 《신국론》에서도 여전히 아우구스티누스는 하나님의 도성에서는 이성을 만족시킬 우주의 "아름다운 이유"를 온전히 보게 될 것이라고 희망하고 있다(civ. Dei 22.30.1).[98] 플라톤주의자였던 플로티누스의 미학에 대한 존경과 사랑은 여전히 그의 마음에 남아 있어서 그것이 바로 예수가 "들의 백합화가 어떻게 자라는가 생각하여 보라"(마태 6:28)며 가르치고자 한 것이라고까지 말한다(civ. Dei 10.14). 로마제국이 붕괴되어가는 상황에서 로마가 이전의 자신들의 신들을 버리고 기독교로 개종하였

---

97) Augustine, *Confessions*, 240 각주 27.
98) 아우구스티누스의 보다 후기의 미학적 신정론을 위해서는 다음 부분들을 참조하라: nat. b. 3과 8-9; civ. Dei, 11.4, 11.18, 11.23(오리게네스와의 논쟁), 16.8; ench. 10-11; en Ps., 144.13, 148.9-10; serm. 125.5; ep., 138.2-5.

기 때문에 멸망하고 있다는 비난에 대항하여 기독교 변증론으로 집필한
《신국론》은 전쟁과 같은 재난과 "적병들에게 당한 모질고 잔학한 일까
지도 하나님의 섭리로 돌려야 마땅하다"고 주장한다(civ. Dei 1.1) 대조
적 조화, 풍부함, 총체성 등을 통해 일하시는 하나님의 섭리에 대한 아우
구스티누스의 신앙은 조금도 흔들림이 없으며 거의 예정론적 결정주의
처럼 들리기까지 한다. 변한 것이 있다면 이러한 우주의 합리적 미를 이
루는 대조적 요소들에 대한 아우구스티누스의 보다 과감해진 사변적 명
상을 들 수 있을 것이다.《신국론》은 천상의 도시와 지상의 도시의 대조
라는 거대한 역사신학의 음악을 우리에게 들려 준다.[99] 그러한 우주의
음악을 구성하고 있는 요소들을 살펴보도록 하자. 아우구스티누스는 두
부류의 천사들, 현재의 몸과 부활의 몸, 괴물민족 혹은 기형적 인간과 정
상 인간들, 첫째 자유와 둘째 자유, 구원받는 자와 버림받은 자, 그리고
궁극적으로는 천국과 지옥 등이 함께 대조되어서 우주의 웅장한 음악을
연주하는 것으로 본다. 각각의 이러한 대조는 전체 우주를 다스리는 하
나님의 섭리의 평온한 질서와 아름다움에 나름의 방식으로 공헌하게 된
다. 또한 이 저작에서 아우구스티누스는 인간의 자유와 하나님의 선지식
이 어떤 의미에서도 공존이 불가능하지 않다는 자신의 병행주의(com-
patibilism)를 보다 분명히 한다. 인간의 자유와 하나님의 지식은 동일한
수평적 차원에서 서로 충돌하는 것이 아니라 서로 다른 차원의 질서에
각각 속하기 때문이다. 또한 기독교 신론의 역사에 있어서도 중요하게
아우구스티누스는《신국론》에서 선지(先知, foreknowledge)를 하나님의
신성한 속성들 중 하나에 명확하게 포함시킨다. 또한 그는 보다 후기의
저작들에서 그리스도의 아름다움에 대한 자신의 해석을 제공하고 있다.
먼저 그리스도의 아름다움에 대한 아우구스티누스의 생각을 간략하게

---

[99] 이석우는 아우구스티누스의 역사신학적 대조를 "최고선=최고 행복=영원한 생명=천
상 도성" 대(對) "최고악=최악의 불행=영원한 죽음=지상 도성"이라고 표현하고 있
다. 요컨대 신국과 지상국은 이상적인 "대치" 개념이라는 것이다. 이석우,《아우구스티
누스》, 301과 317 참조.

살펴본 후, 하나님의 선지와 관련된 그의 미학적 신정론을 고찰하도록 하자.

예수 그리스도는 아이로 태어나신 아름다운 말씀이시다. 그리스도의 아름다움과 관련해서 해리슨은 "아름다움에 대한 아우구스티누스의 사상들을 규정하고 거기에 의미를 부여한 것은 신성과 인성의 결합 안에 계신 그리스도이시다"라고 말할 정도로 아우구스티누스의 그리스도중심적 미학을 강조한다.[100] 하지만 아우구스티누스는 그리스도의 아름다움에 대해 자기 자신과 격렬한 논쟁을 하고 있었던 것처럼 보인다. 성서의 두 구절이 그리스도의 아름다움에 대한 다소 상반된 견해를 제시하고 있기 때문이다. 시편의 "사람이 낳은 아들 가운데서 가장 아름다운 분(speciosus forma prae filiiis hominum)"이라는 구절(불가타역 시편 44:3, 현대의 구분으로는 시편 45:2)과 더불어서 이사야 53장 2절의 "고운 모양도 없고 훌륭한 풍채도 없으니(neque speciem neque decorem) 우리가 보기에 흠모할 만한 아름다운 모습이 없다"는 구절이 둘 다 그리스도에 대한 예언적 계시라고 아우구스티누스는 받아들였다. 발타자에 따르면 시편 45편 2절에 근거하여 "크리소스토모스와 제롬은 그리스도의 물리적 아름다움을 주장한 반면에 저스틴, 알렉산드리아의 클레멘스, 터툴리아누스, 그리고 암브로시우스는 그것을 부정하였다."[101] 이러한 상반된 구절을 화해시키기 위해 아우구스티누스는 여러 저작들에서 노력하였고, 오코넬은 여기에 대해 네 가지 가능한 해석을 제시한다. (1) 첫 번째 해결책은 시편이 말하는 그리스도의 아름다움이란 "하나님으로서의 그리스도"를 가리키는데 반해, 이사야서의 추함은 "인간으로서의 그리스도"를 가리킨다는 알레고리적 해석이다(*civ. Dei* 17.16.1; *Jo. ev. tr.* 10.13; *en. Ps.* 43.16; *ep. Jo.* 9.9). (2) 두 번째 해결책은 두 텍스트 모두 성육하신 그리스도를 같이 가리키는 것이나, 서로 다른 차원에서 그의

---

100) Harrison, *Beauty and Revelation*, 192.
101) Balthasar, *Glory of the Lord*, 2:134.

아름다움은 "정의로운 내적 아름다움"을 그리고 그의 추함은 "외적 외모"를 뜻한다는 해석이다(*en. Ps.* 44.14). (3) 세 번째 해결책은 아우구스티누스가 점차 나이가 들어감에 따라 그리스도가 아름답다는 것을 더 많이 시인하게 되었다는 스보보다의 제안이나 분명하지 못한 측면들이 있다. (4) 마지막 네 번째로 그리스도의 추함이 "그의 수난과 십자가를 통해 훼손되어진 모습"을 가리키는데 반해, 그리스도의 아름다움은 "부활의 아름다움"을 가리킨다고 아우구스티누스가 이해했다는 입장을 오코넬 자신은 제시한다(*en. Ps.* 44.3, 127.8; *s.* 27.6, 44.1-2, 95.4, 138.6, 210.4, 254.5, 285.6).[102] 두 번째 입장과 다소 가깝게 보이기도 하지만 본질적으로 위의 모든 입장들과는 차이가 있는 다섯번째 해석을 폰 발타자는 제안한다. 발타자는 정체적인 존재론적 접근이 아니라 역동적인 실천론적 접근을 통해 그리스도의 추함과 아름다움을 설명한다. 즉 그는 그리스도를 사랑하는 자에게는 그리스도가 그 진정한 아름다움을 드러내고 그렇지 않은 자에게는 단지 외적으로 추하게 보인다는 오리게네스의 입장을 아우구스티누스가 따르고 있다고 본다. 또한 발타자는 그리스도에 대한 사랑이 곧 아름다움을 창조한다는 아우구스티누스의 이러한 새롭고도 역동적인 기독론적 미(美)이해는 이전에 아우구스티누스가 따랐던 '사람은 아름다운 것이 아니면 사랑하지 않는다'는 사물의 객관적인 미에 기초한 그리스의 철학적 미학을 뒤집는 사건이라고 평가한다.[103] 발타자의 이러한 해석은 아우구스티누스의 《요한일서에 관한 논고들》(*In epistulam Joannis ad Parthos tractatus*, 406-407)의 다음 부분에 기초하고 있다.

"그가 먼저 우리를 사랑했으니 우리도 서로 사랑하자"[요일 4:19]. ····사랑함으로 우리는 아름답게 된다. 만약 추하고 기형인 남자가 아름다운 여자를 사랑하게 된다면 그는 무엇을 하는가? 만약 추하고 기형이며 피

---

102) O'Connell, *Art and the Christian Intelligence*, 132 그리고 219-221 미주 15 참조.
103) Balthasar, *Glory of the Lord*, 2:135.

부가 검은 여자가 아름다운 남자를 사랑하게 된다면 그녀는 무엇을 하는가? 사랑함으로 그녀가 어떻게든 아름답게 변하게 되지 않을까? 사랑함으로 그 남자가 어떻게든 잘 생겨지지 않을까?…형제들이여, 우리의 영혼은 죄악으로 추하고 더럽게 되지만 하나님을 사랑함으로 아름답게 변하게 된다. 사랑하는 영혼을 아름답게 만드는 것은 어떠한 사랑인가? 그러나 하나님은 항상 아름다우시며 결코 추하거나 변하지 않으신다. 항상 아름다우신 그가 우리를 먼저 사랑하신 것이다. 그리고 그가 사랑한 이가 혐오스럽고 추한 사람들이 아니라면 누구란 말인가? 그러나 우리를 추하게 버려두기 위해서가 아니라 그러한 추함에서 벗어나 우리를 아름답게 만드시기 위해서이다. 어떻게 우리가 아름답게 될 수 있을까? 항상 아름다우신 그분을 사랑함을 통해서이다. 당신 안에 사랑이 증가할수록 아름다움 또한 증가한다. 왜냐하면 사랑 그 자체가 영혼의 아름다움이기 때문이다.…그러한 것들[시편 45:2의 그리스도의 아름다움과 이사야 53:2의 그리스도의 추함]은 다른 소리를 내는 두 개의 피리와도 같지만, 오직 한 성령이 그 속에서 부는 것이다(*ep. Jo.* 9.9).

Nos diligamus, quia ipse prior nos dilexit....[D]iligendo pulchri efficimur. Quid facit homo deformis et distorta facie, si amet pulchram? Aut quid facit femina deformis et distorta et nigra, si amet pulchrum? Numquid amando poterit esse pulchra? Numquid et ille amando poterit esse formosus?...Anima vero nostra, fratres mei, foeda est per iniquitatem: amando Deum pulchra efficitur. Qualis amor est qui reddit pulchram amantem? Deus autem semper pulcher est, nunquam deformis, nunquam commutabilis. Amavit nos prior qui semper est pulcher; et quales amavit, nisi foedos et deformes? Non ideo tamen ut foedos dimitteret; sed ut mutaret, et ex deformibus pulchros faceret. Quomodo erimus pulchri? Amando eum qui semper est pulcher. Quantum in te crescit amor, tantum crescit pulchritudo; quia ipsa charitas est animae pulchritudo....Illae sunt duae tibiae quasi diverse sonantes; sed unus Spiritus ambas inflat.

하지만 발타자는 아우구스티누스가 히포의 감독이 된 이후로 이러한 새롭게 발견된 기독론적 미학의 원칙에 기초하여 자신의 초기의 그리스

철학적 미학을 전면적으로 개정할 수 있는 시간적 여유가 없었다고 아쉬움을 표현한다.[104] 어쨌든 발타자는 아우구스티누스가 "그리스도의 자기 비움(kenosis)을 하나님의 아름다움과 온전함의 계시로 보았다"는 보다 기독론적이며 신학적인 미의 역설적 해석을 제안하였다고 본다.[105] 발타자는 이러한 아름다움에 대한 기독론적·신학적 이해에 기초하여 "오직 기독교적 미학만이 진리일 수 있다"고 주장한다.[106] 아우구스티누스의 입장이 이러한 여러 해석들 중에서 무엇이었는지 우리는 정확히 알 수 없지만, 그가 그리스도의 아름다움에 대해 확신을 가졌다는 것은 분명해 보인다. 아우구스티누스는 그리스도의 아름다움을 《시편 해석》에서 다음과 같이 노래하고 있다.

> [그리스도는] 아름다운 하나님, 하나님과 함께 계셨던 말씀이시다. 그는 처녀의 자궁 안에서도 아름다우시며, 거기에서 신성을 잃지 않은 채 인성을 입으셨다. 그는 아이로 태어나신 아름다운 말씀이시다(en. Ps. 44.3).
> Pulcher Deus, Verbum apud Deum: pulcher in utero virginis, ubi non amisit divinitatem, et sumpsit humanitatem: pulcher natus infans Verbum.

다음으로 신정론의 맥락에서 하나님의 선지성에 대한 아우구스티누스의 논의를 살펴보도록 하자. 아우구스티누스는 하나님의 선지의 문제에 있어서는 이전에 자신의 정신적 스승이었으며 그에게 지혜의 불멸성을 추구하는 삶의 가치를 보여주었던 키케로와 의견을 달리한다. 키케로는 인간의 자유가 지니는 존엄성을 보존하기 위해서 운명이 존재한다는 것을 인정하기를 거절한다. 이러한 운명의 부정은 또한 그 입장의 논리적 결과로서 시간을 선행하는 어떠한 지식도 존재한다는 것을 거절하는 것을 수반하게 된다. 키케로의 딜레마는 만약 우리가 신의 선지를 택한

---

104) Balthasar, *Glory of the Lord*, 2:137.
105) Balthasar, *Glory of the Lord*, 2:123.
106) Balthasar, *Glory of the Lord*, 2:142.

다면 인간의 자유가 폐지될 것이고, 자유로운 의지를 택한다면 선지는 거부되어야 한다는 것이다. 키케로는 분명하게 인간의 자유를 선택한다. 왜냐하면 자유 없이는 "모든 인간의 삶이 그 밑바닥에서 전복되기 때문이다." 만약 그러하다면 인간의 모든 도덕적이고 영적인 씨름도 불필요하고 무가치한 소극(笑劇)에 불과하게 될 것이다. 인간의 온전한 자유를 보존하기 위해서 키케로는 운명의 존재와 미래에 대한 모든 선지적 지식을 부정할 수밖에 없었다(civ. Dei 5.9.1-5.9.2).

아우구스티누스도 키케로처럼 운명이란 존재하지 않는다고 생각한다. 아우구스티누스가 "운명"(fatum)의 어원학적 기원을 올바로 설명하고 있듯이 그것은 "말하다"(fari)에서 유래한 것으로, 이러한 하나님의 확실하고 변하지 않는 말씀의 의미에서가 아니라면 운명이란 존재하지 않는다(civ. Dei 5.9.3). 하지만 키케로와 달리 아우구스티누스는 운명의 부정이 곧 하나님의 선지식의 부정을 동반하지는 않는다고 보았다.

> 우리는 그러한 신성모독적이고 불경건한 주장들에 맞서서 하나님은 모든 것들이 일어나기 이전에 아신다는 것을 단언하는 바이며, 동시에 우리가 원하지 않으면 일어나지 않을 것이라고 우리가 느끼고 알고 있는 모든 것들을 우리는 스스로의 자유로운 의지로 한다는 것도 단언하는 바이다(civ. Dei 5.9.3).
> Nos adversus istos sacrilegos ausus atque impios, et Deum dicimus omnia scire antequam fiant, et voluntate nos facere, quidquid a nobis nonnisi volentibus fieri sentimus et novimus.

《고백록》에서 시간과 영혼을 대조시켰던 것과도 유사하게 아우구스티누스는 여기서 피조된 원인들과 창조하는 원인 사이의 존재론적인 질적 차이를 제시하고 있는 것이다. 사건들이 일어나는데 원인이 될 수 있는 것은 의지를 지닌 존재들인 동물, 인간, 천사, 그리고 하나님뿐이다. 그럼에도 다소 단순화시켜 말한다면 아우구스티누스의 병행주의는 사건들의 자연적인 원인들, 천사적인 원인들, 혹은 인간적인 원인들이 궁극적으로 볼 때 하나님의 의지에 의해 질서지어졌다고 전제하고 있다고 필자는 생각한다. 이러한 생각은 두 가지 중요한 결과를 가져오게 된다. 한편으로 우주에는 비인격적이고 눈먼 운명이란 존재하지 않으며 오히려 모든 "사건들의 유일한 작용인(作用因, efficient causes)들은 자발적인 의지적 원인들이다"(civ. Dei 5.9.4). 다른 한편으로 아우구스티누스는 이러한 모든 피조된 작용인들이 궁극적으로는 "생명의 숨결," 즉 "창조되지 않은 영이신 하나님 자신"에게서 기인한다고 주장한다(civ. Dei 5.9.4). 창조된 피조물들의 의지와 창조되지 않은 하나님의 의지라는 자발적 의지의 차원들 혹은 종류들을 구분함으로써 아우구스티누스는 한편으로 인간 의지의 자율성과 다른 한편으로 모든 원인들의 원인이 되시는 하나님의 형이상학적 궁극성과 선지성을 동시에 주장할 수 있다고 생각하는 듯하다.

그러므로 하나님에게는 모든 원인들의 고정된 질서가 존재한다 하더라도, 그것 때문에 아무 것도 우리 의지의 자유에 달린 것이 없다는 결론은 따라나오지 않는다. 우리의 의지들 그 자체는 원인들의 질서 안에 존재하며, 그러한 원인들의 질서는 하나님에게는 고정된 것으로 그의 선지식(先知識, praescientia) 안에 담겨 있다. 인간의 의지들은 인간 행위들의 원인이다. 따라서 사물들의 모든 원인들을 선지하시는 분이 확실히 그 원인들로서의 우리 의지들에 대해 알지 못하셨을리가 없다. 하나님은 우리 행동들의 원인들이 되는 우리의 의지들을 미리 선지하신다(civ. Dei 5.9.3).

Non est autem consequens, ut, si Deo certus est omnium ordo causarum, ideo nihil sit in nostrae voluntatis arbitrio. Et ipsae quippe nostrae voluntates in causarum ordine sunt, qui certus est Deo ejusque praescientia continetur; quoniam et humanae voluntates homanorum operum causae sunt. Atque ita qui omnes rerum causas praescivit, profecto in eis causis etiam nostras voluntates ignorare non potuit, quas nostrorum operum causas esse praescivit.

위의 본문은 아우구스티누스가 얼마나 조심스럽게 하나님이 자신의 신적 속성으로서 선지성과 전지성을 지닌다는 것을 주장하면서도, 동시에 그러한 선지성 혹은 전지성이 반드시 존재론적 질서 속에 있는 다른 피조물의 의지의 자유를 박탈하지는 않는다는 것을 설명하고자 노력하는지 잘 보여주고 있다. 이러한 피조물의 자유와 하나님의 선지성의 병립 주의 논리가 설득력이 있는지 없는지의 문제는 논외로 하더라도, 아우구스티누스가 그것을 주장하려 의도했다는 사실만은 여기서 분명하게 확인할 수 있다.

하나님이 미리 아시고 계신다고 해서 우리들의 도덕적 노력, 견책, 비난, 권고, 기도, 그리고 찬양이 "불필요"하거나 의미가 없다고 생각할 이유는 없다(*civ. Dei* 5.10.2). 우리는 거의 동일한 회의론적 어조에서 어떤 것들도 하나님이 미리 알지 못한다면, 혹은 "하나님이 없다"면, 만약 아무 것도 결정되지 않았다면, 모든 것들이 허용된다고 생각할 수도 있기 때문이다(*civ. Dei* 5.9.4). 이러한 입장도 또한 그 자체의 문제와 무의미성을 가질 것이다. 만약 하나님이 없다면 사탄의 깊이까지 떨어지지 못할 이유가 어디 있겠는가?[107] 의미의 유무는 어떤 입장 자체에 있는 것이 아니라 그 입장에 대한 자신의 진정한 형이상학적이고 존재론적인 수긍 여부에 있는 듯하다. 아우구스티누스의 입장은 하나님의 선지와 우리의 도덕적 노력이 단순히 서로 교차하지는 않는다고 본다. 또한 아우구스티누스에게 이것은 궁극적 원인으로서 하나님의 선지가 우리 자신의 죄의 실제적 원인이 되지는 않는다는 의미를 지닌다. "어떤 사람이 죄를 지을 것을 하나님이 미리 아신다는 사실이 그 사람으로 하여금 죄를 짓게 만드는 것은 아니다.…그 사람이 죄짓기를 원하지 않는다면 그는 죄를 짓지 않을 것이다. 그리고 그가 그렇게 죄짓기를 원치 않았다면 그것도 또한 하나님께서 미리 아셨을 것이다"(*civ. Dei* 5.10.2). 요컨대 발타자의 해석이 제시하듯 "자유와 질서를 서로에게 대립시켜 싸우게

---

107) Cf. Balthasar, *Glory of the Lord*, 1:19.

하는 것은 존재론적으로 불가능하다."[108] 아우구스티누스에게 있어 인간의 행동능력과 하나님의 선지능력은 근원적으로 다른 두 영역에 각각 속하기 때문이다. 전자는 피조된 자유에 속하는 반면 후자는 창조하는 자유이다. 또한 이런 하나님과 피조물 사이의 존재론적 차이의 중요성 때문에 기독교 신학의 전통에 있어 선지성을 하나님의 속성 혹은 표식이라고 본 아우구스티누스의 주장은 이후 계속 반복해서 이어져 갔다.

모든 미래를 선지하지 못하는 존재는 분명 하나님이 아니다(civ. Dei 5. 9.4).
Qui enim non est praescius omnium futurorum, non est utque Deus.

현대의 몇몇 신정론에서 발견하게 되는 하나님의 전지성이나 전능성을 제한하거나 수정하려는 시도와는 달리, 아우구스티누스는 하나님이 자신의 영원한 전지성을 통해서 우주가 어떻게 결정될 지를 미리 알고 그것을 창조하기로 결정한 것은 궁극적으로 옳았다는 것을 보여주는데 주력한다. 바로 이러한 변증을 위해 아우구스티누스는 대조적 조화라는 논리를 통해 악의 존재에도 불구하고, 아니 오히려 그 악의 존재 때문에 하나님이 창조하신 우주는 더욱 아름답다는 미학적 신정론을 제시한다. 하나님은 그 속에 어둡고 경악스러운 순간들도 있으리라는 걸 미리 아셨다. 하지만 하나님은 또한 그러한 순간들조차도 개개인과 인류 전체의 역사를 위해서 "교육"(eruditio)의 과정으로 선용하시는 방법을 또한 미리 아셨다(civ. Dei 10.14). "왜냐하면 하나님은 어떠한 악도 존재하도록 허락치 않는 것보다 악으로부터 선을 가져오는 것이 보다 낫다고 판단하셨기 때문이다"(ench. 8.27). 그리고 가장 중요하게 하나님은 이러한 구원의 여정을 돕기 위해 자신의 아들을 성육신으로 보내실 것을 미리 아셨다.

하나님의 우주적 문학에서 다양한 등장인물들과 플롯들이 그 적절한

---

108) Balthasar, *Glory of the Lord*, 2:108.

시간을 따라 완벽하게 질서지어져 있다. 아우구스티누스의 신정론의 궁극적 논리는 아름다움이 대조(對照, contrast)를 요구한다는 미학적 통찰이다. 또한 풍부(豊富, plenitude)의 아름다움이라는 미학적 가치도 다양한 부분들의 대조를 필연적으로 요청하게 된다. 하나님이 지금 존재하는 세계처럼 세계를 만드신 것은 악의 혼란스러움과 비극조차도 아름다운 우주시(宇宙詩)를 위해 어디에 어떻게 선용하실지 미리 아셨기 때문이다. 395년 타가스테의 감독 알리피우스(Alypius)에게 보낸 편지에서 아우구스티누스는 다음과 같이 말한다. "낮의 아름나움은 밤에 대조되어 더 아름답게 되며, 하얀색은 검정색 옆에서 보다 즐거움을 준다"(dixi diei pulchritudinem noctis comparatione decorari, et colorem candidum nigri vicinitate gratiorem)(*ep.* 29.11; cf. *civ. Dei* 11.23.2). 이와 동일한 미학적 통찰이 《신국론》에서는 보다 상세하게 설명될 뿐 아니라 그 범위에 있어서도 단지 역사뿐 아니라 우주론적 종말에도 적용되어진다. 아우구스티누스는 반대들의 대조를 통해서 우주시를 보다 아름답고 풍부하게 집필하시는 하나님의 섭리를 다음과 같이 결론적으로 묘사하고 있다.

> 하나님은 천사는 물론 인간도 미래에 행할 악을 미리 아시고 결코 창조하시지 않으셨을 것이다. 만약 하나님이 동시에 그러한 피조물들을 마치 음악의 아름다움을 돋보이게 하는 대조처럼 세계 역사의 질서를 위해서 어떻게 선용하실지 모르셨다면 말이다. '대조'(antitheta)는 웅변적 연설에 가장 매혹적인 장식물들을 제공한다. 라틴어 동의어는 '반대'(opposita) 혹은 보다 정확하게 말하자면 '정반대'(contraposita)이다.…대조들의 대조 혹은 반대가 연설에 아름다움을 더하듯이 말들(verba)이 아니라 사건들(res)의 우아함에서도, 즉 세계 역사의 형성에 있어서도 대조들의 반대가 아름다움을 더하여 준다(*civ. Dei* 11.18).
>
> Neque enim Deus ullum, non dico Angelorum, sed vel hominum crearet, quem malum futurum esse praescisset, nisi pariter nosset quibus eos bonorum usibus commodaret, atque ita ordinem saeculorum tanquam pulcherrimum carmen ex quibusdam quasi antithetis

honestaret. Antitheta enim quae appellantur, in ornamentis elocutionis sunt decentissima, quae latine appellantur opposita, vel quod expressius dicitur, contraposita...Sicut ergo ista contraria contrariis opposita sermonis pulchritudinem reddunt; ita quadam, non verborum, sed rerum eloquentia contrariorum oppositione saeculi pulchritudo componitur.

해리슨은 아우구스티누스의 《신국론》 11.18에 드러나는 미학적 역사관과 존재론을 이렇게 설명하고 있다. "아직 끝나지 않은 어떤 것으로서의 역사의 의미, 읽혀지고 있는 시, 연주되고 있는 음악은 인간으로 하여금 계속해서 전체를 알고싶게 만들 뿐 아니라 그 전체의 아름다움에 대한 사랑으로 희열을 느끼게 만든다."[109] 아우구스티누스가 하나님의 우주시에서 어떠한 부분들이 대조적 하모니를 이루고 있다고 제안하는지 보다 구체적으로 살펴보도록 하자.

아우구스티누스의 천사론은 하나님이 처음부터 두 부류의 천사들을 대조적으로 의도하셨다고 제안하는 듯이 보인다. 범죄한 천사들은 그렇지 않은 빛의 천사들보다 "하나님 사랑의 은총을 덜 받았거나" 혹은 만일 동일한 은총으로 창조되었다고 한다면 범죄한 천사들은 자신의 교만으로 인해 타락한 반면에 그렇지 않은 천사들은 하나님에게만 집중하여 명상할 수 있도록 "보다 큰 도움"을 받았을 것이다. 또한 하나님은 사탄의 유혹을 성자들의 유익을 위해서 선용하신다. 하나님이 사탄의 타락을 미리 아셨음에도 그를 창조하신 것은 하나님이 또한 그러한 악으로부터 어떤 선을 가져오실지 미리 아셨기 때문이다. 범죄한 천사들과 빛의 천사들의 상이한 두 운명은 영원토록 지속될 것이다(civ. Dei 11.13; 11.17; 12.9.2).

플리니우스(Gaius Plinius Secundus, 23-79)의 《자연사》(*Naturalis Historia*)에 영향을 받아서 아우구스티누스는 제국의 변방에 어떤 "괴물

---

109) Harrison, *Beauty and Revelation*, 186.

민족들"이 존재한다는 생각을 수용하였다. 이러한 생각은 우리 가운데 다섯 손가락이나 다섯 발가락보다 더 많거나 적은 수를 가진 "괴물인간들의 출생"을 통해 지지된다고 그는 생각했다. 모든 민족들을 볼 수 없는 관찰자는 그러한 일부분의 기형적인 추함 때문에 마음이 언짢게 될 수도 있을 것이다. 하지만 하나님은 부분들의 유사함과 다름을 동시에 고려하며 "전체 디자인의 아름다움을 짜는 지혜"를 가지셨기에 그러한 괴물 민족들이나 괴물 인간들도 창조하기로 결정하셨다고 아우구스티누스는 제안한다. 괴물 민족들이나 괴물 인간들의 경우에 하나님이 실수하셨다고 생각하는 것은 어리석은 일이다. 아쉽게도 아우구스티누스는 "기형의 유일한 목적은 현재의 삶이 징벌의 상태에 놓여 있다는 또 다른 증거를 제시하기 위해서이다"라는 오늘날 현대인이 보기에는 다소 부적절한 진술을 남긴다. 하지만 인간의 육체적 기형과 괴물 민족들조차도 천상의 도시에서 누릴 미래적 축복에서는 모두 고쳐지고 사라질 것이라고 그는 또한 생각한다(*civ. Dei* 16.8.1-2; 22.19.1; cf. *quant*. 19. 33).

천상의 도시에서는 우리의 죽을 수 밖에 없는 육체도 또한 불멸의 육체로 바뀌어질 것이다. 그러한 몸은 최초의 인류에게 허락되었던 몸보다 훨씬 완벽하고 건강한 상태를 가지게 될 것이다. 우리는 오직 우리가 먹고자 원할 때에만 먹을 필요가 있을 것이다. 음식의 섭취는 가능한 일이지만 꼭 필수적인 일이지는 않게 될 것이다. 그리고 그 때의 몸은 더 이상 영혼의 이성에 대항하여 항거하는 일이 다시는 없을 것이다. 더군다나 우리는 다른 이들의 몸의 아름다움을 그 어떤 불순한 동기나 욕정 없이 순수하게 감상할 수 있게 될 것이다. 인류의 조상에게 허락되었던 "최초의 불멸성"은 단지 죽음을 피할 수 있는 능력만을 가졌지만, 천상에서 우리가 갖게 될 "최후의 불멸성"은 죽을 수 없는 능력을 가지게 될 것이다(*civ. Dei* 13.20; 22.24; 22.30).

우리의 자유의지 또한 완벽하게 될 것이다. 타락 이전에 아담에게 허락된 최초의 자유의지는 죄를 짓지 않을 수 있는 능력과 함께 죄를 지을 수 있는 가능성도 동시에 가졌었다. 하지만 나중에 우리가 갖게 될

시베리아의 세 거주민들, *Livre de Merveilles*, 15세기 초[110]

두 번째 자유의지는 죄를 지을 가능성으로부터 보다 자유로울 것이다. 아니 죄를 짓는 것은 불가능하게까지 될 것인데 그것은 우리 인간 안에 가지게 될 어떤 내재적 능력 때문이라기보다는 하나님의 은총의 선물 때문에 그렇게 될 것이다. "자유의지는 처음에는 죄를 짓지 않을 능력과 함께 주어졌지만, 마지막으로 주어지는 선물은 죄를 지을 수 없는 불가능성이 될 것이다."[111] 그때에는 더 이상의 악은 존재할 수 없으며 오직 하나님을 찬양하는 평온한 여가만이 존재할 것이다(*civ. Dei* 22.30).

---

110) Veronica Sekules, *Medieval Art* (Oxford: Oxford University Press, 2001), 12. 괴물 민족들은 알렉산더 대제가 동방 원정길에서 만난 사람들이라고 여겨졌다. 이들에 대한 설명이 플리니우스의 《자연사》와 솔리누스(Solinus)의 《모음집》(*Collectanea*) 등에 언급되고 있다. 이 그림이 실린 *Livre des Merveilles*는 마르코 폴로와 맨더빌(John Mandeville)의 여행기를 담고 있다. 마르코 폴로는 시베리아 거주민을 단지 야만인이라고만 말했으나, 이 삽화를 그린 이가 그들을 가슴에 얼굴이 붙어 있는 "Blemmye," 엄청나게 큰 발을 가져서 더운날 햇볕을 그걸로 가릴 수 있다고 알려진 "Sciapods," 그리고 벌거벗은 야만인으로 묘사하고 있다.

111) 그렇다면 왜 처음부터 아담에게 이러한 종류의 자유가 주어지지 않았는지 묻지 않을 수 없을 것이다.

마지막으로 우리의 지식도 또한 완벽해질 것이다. 우리는 그 때에 우리 마음을 괴롭혔던 모든 '왜?'라는 질문에 대한 이유를 보게 될 것이다. 그러므로 우리의 마음은 "아름다운 이성 혹은 이성의 아름다움"으로 인해 위대한 예술가이신 하나님을 찬양하고 즐거워할 것이다. 우리의 영혼은 모든 괴로움과 징벌을 잊어버리고 오직 영원한 희락만을 누리게 될 것이다. 하지만 이것이 백지상태라는 원래의 상태로 돌아간다는 것을 의미하지는 않는다. 악과 고통의 기억은 "감각적 경험"으로서는 말끔히 잊혀질 것이지만 그러한 과거에 대한 "지성적 지식"은 영원히 간직될 것이다. 마치 익숙한 의사가 모든 질병들에 대해 개인적으로 다 겪어보지 않아도 그것들을 알 수 있듯이, 천상의 성자들은 과거에 겪었던 고난과 악에 대한 감각적 느낌은 완전히 배제된 채로 그러한 사건들에 대해 지성적 회상만을 가지게 될 것이다. 그리고 성자들은 자신의 은총의 운명으로 인해 하나님을 찬양할 수 있도록 지옥의 "저주받은 자들의 영원한 불행"을 기억으로부터 잊지 않게 될 것이다. 천상의 도시에는 "거기에 적합한 자격이 없는 어느 누구도 들어갈 수 없을 것이다." 자격이 없는 자들은 "영원한 불"에로 적합하게 질서를 따라 보내어질 것이며 바로 그 때문에 영원한 불도 또한 찬양의 대상이 될 것이다. 지옥조차도 전체 우주 안에서 그 나름의 아름다움을 지닌다. 하나님께서는 최후의 심판에서 저주받은 자들을 징벌하기 위해 지옥의 불을 사용하시기 때문이다(*civ. Dei* 12.4; 13.23; 22.30). 아우구스티누스는 우주에 대한 하나님의 섭리적 돌보심을 신앙하였으며 그러한 돌보심이 밤이 없는 영원한 안식일에 가서 궁극적으로 완성되리라 생각하였다.

아우구스티누스의 미학적 신정론을 결론적으로 요약한다면 그는 하나님이 우주의 모든 대조적 사건들과 사물들을 가지고 끝없이 아름다운 "칸티쿰 그라두움"(Canticuum graduum)을 작곡하고 계신다고 보았다. "칸티쿰 그라두움"이란 제롬(St. Jerome)에 의해 번역된 라틴어역 불가타성서(*Biblia Sacra Vulgata*, 382-405)의 시편 119편에서 133편에 붙여진 소제목이다.[112] 아우구스티누스는 자신의 《시편 해석》(392-422)에

10. 《신국론》(413-427): 그리스도의 아름다움과 칸티쿰 그라두움 133

서 "단계들의 노래"에 대해 이렇게 설명하고 있다.

> 방금 전에 부른 것을 우리가 듣고 또한 우리가 응답송을 부른 시편은 짧으면서도 매우 유익한 것이다. 듣는데 어렵게 애쓰지 않아도 될 뿐 아니라 그렇게 함으로 별 유익이 없지도 않다. 왜냐하면 그것은 앞에 붙어있는 제목처럼 「단계들의 노래」이기 때문이다.…단계들에는 하강 혹은 상승의 단계들이 있다. 하지만 이 시편에서 가리키는 단계들이란 상승의 단계들을 의미한다(*en. Ps.* 119.1).[113]
> Brevis Psalmus est, et valde utilis, quem modo nobis cantatum audivimus, et cantando respondimus. Non diu laborabitis in audiendo, nec infructuose laborabitis in operando. Est enim, sicut ejus titulus praenotatur, *Canticum graduum*. ... Gradus vel descendentium sunt vel ascendentium: sed gradus quomodo in his psalmis positi sunt, ascendentes significant.

아우구스티누스는 여기서 단계들의 사다리에서 상승하는 자들과 하강하는 자들이 있음을 말하고 있다. 상승하는 자들이란 영적인 것들의 지성적 이해를 향해 올라가는 자들을 가리킨다. 반대로 하강하는 자들이란 인간으로서 영적인 것들을 즐거워할 능력이 있음에도 불구하고 유아기적인 욕망에로 추락하여 영적인 고기보다는 육적인 젖에 더욱 애착하는 자들을 가리킨다. 단계들의 사다리에서 인간 영혼의 올바른 방향은 위에서 아래로의 하강운동이 아니라 아래에서 위로의 상승운동이다. 바로 이 때문에 단계들의 노래를 상승의 노래라고도 부르는 것이다. 우주적인 단계들의 사다리에서 각각의 부분들은 우주의 완벽한 경영을 위해 하나님에 의해 세심하게 배치되었다. 저등한 단계들과 고등한 단계들 모두는 상승에 있어 없어서는 안 될 필수적인 것이다. 따라서 풍부(豊富,

---

112) "Canticum graduum"은 "단계들의 노래"(a song of degrees, a song of steps) 혹은 "상승의 노래"(a song of ascent)로 번역된다. 현재 우리가 사용하는 장절 구분에 의하면 시편 120편에서 134편 부분을 가리킨다.
113) 《고백록》13.9.10도 보라.

plenitude)의 미학은 하나님의 초월적 본성들 중의 하나인 전선(全善, omnibenevolence)하심의 미학적 표현인 것이다. 모든 종류의 존재들이 풍부하게 있기 위해서는, 그리고 존재함이란 하나님의 선을 드러내는 표현이기 때문에, 동일하지 않고 불평등한 대조의 부분들도 반드시 있어야만 하는 것이다. 반대로 만약 모든 것들이 동일하다면 모든 종류의 것들이 존재할 수는 없을 것이다.

> 하나님의 섭리는 우리에게 어리석게 사물들의 상태에 대해 불평하기보다는 그 사물들이 필요한 목적들을 부지런히 묻도록 훈계한다. 만약 우리의 부족한 능력이나 연약함으로 실패하게 될 때는, 우리가 그 이유를 발견하는데 어려움을 겪는 많은 경우에서처럼 그 목적이 우리로부터 숨겨져 있다고 믿어야 한다. 목적을 숨기심 그 자체도 겸손의 연습이나 오만의 제거가 되기 때문이다. 자연에 악은 전적으로 존재치 않는다. 악이란 선의 결핍에 대한 이름일 뿐이다. 땅의 것들에서 하늘의 것들까지 그리고 보이는 것들에서 보이지 않는 것들까지 다른 것과 더 다른 것, 좋은 것과 더 좋은 것이 존재할 뿐이다. 모든 것들(omnia)이 존재하기 위해서는 동일하지 않은 것들(inaequalia)도 존재해야 한다(*civ. Dei* 11.22).
> Unde nos admonet divina providentia, non res insipienter vituperare, sed utilitatem rerum diligenter inquirere; et ubi nostrum ingenium vel infirmitas deficit, ita credere occultam, sicut erant quaedam quae vix potuimus invenire: quia et ipsa utilitatis occultatio, aut humilitatis exercitatio est, aut elationis attritio; cum omnino natura nulla sit malum, nomenque hoc non sit nisi privationis boni: sed a terrenis usque ad coelestia, et a visibilibus usque ad invisibilia sunt aliis alia bona meliora; ad hoc inaequalia, ut essent omnia.

하나님의 선하심은 미와 추, 선인과 악인, 괴물민족과 정상민족, 천사와 악마 모두를 단계들의 사다리 안에 존재케 하는 너그러움을 가리킨다. 그렇다면 여기서 아우구스티누스는 풍부함이라는 미학적 필연성 때문에 악도 존재해야 한다는 것을 주장하는 것일까? "만약 아무도 세계 안에서 범죄치 않았다면, 세계는 오직 자연스럽게 선한 것들로만 장식되고 꾸며졌을 것이다"라고 그는 생각한다(*civ. Dei* 11.23). 존재의 거대한 사슬에서 악이 있어야만 할 미학적 필연성이나 도덕적 필연성이란 존재하지 않는다. 왜냐하면 악은 무로부터 오기 때문이다.

중세 기독교 신학에 끼친 아우구스티누스의 영향력은 결정적인 것이었다. 아우구스티누스의 신정론은 중세의 전체 신정론의 방향을 결정하였으며, 그의 저작들은 악의 문제에 대한 중요한 사유의 샘이 되었다. 보에티우스와 토마스 아퀴나스가 또한 그의 영향력 아래 있었다. 대조적 조화와 그것이 이루어내는 총체적 아름다움에 기초하는 아우구스티누스의 미학적 신정론에 깊이 영향받은 성 토마스는 "만약 하나님이 존재한다면, 악은 어디에서 오는가?"[114]라는 보에티우스가 인용한 한 철학자의 물음에 대해 "만약 악이 존재한다면, 하나님은 존재한다"는 역설적 답변을 제공한다.

> 만약 독특하고 동일하지 않은 사물들의 질서가 없어져 버린다면, 그것들로부터 가장 최고의 아름다움도 또한 없어져 버릴 것이다. … 만약 우주의 어떤 부분들에서 악이 없어져 버린다면, 악한 것들과 선한 것들의 질서있는 통합을 통해서 생겨나던 우주의 아름다움에서 그 완전함의 많은 부분들이 또한 없어져 버릴 것이다. 사실 악한 것들은 선한 것들에서 생겨나는 결핍으로서, 어떤 선한 것들이 통치자의 섭리의 결과로서 악한 것들로부터 또한 생겨나기도 한다. 조용한 정적이 찬미가를 더 아름답게 만드는 것과도 마찬가지이다. 따라서 하나님의 섭리는 사물들로부터 악을 배제하지 않은 것이다. … 이런 이유로 성서는 "나는 평화도 만들고 악(malum)도 창조한다"(이사 45:7)라고 하며, "어느 성읍에 악(malum)

---

114) "만약 하나님이 존재한다면, 악은 어디에서 오는가? 하지만 만약 하나님이 존재하지 않는다면, 선은 어디에서 오는가?"(*Si quidem deus,...est, unde mala? Bona vero unde, si non est?*). Boethius, *The Consolation of Philosophy*, 1.4.105. 어떤 철학자가 이런 딜레마를 제기하였는지 그 기원이 명확하게 알려져 있지는 않다. 해석가들은 에피쿠루스, 플라톤, 암모니우스(Ammonius) 등 다양한 추측을 제공한다.

이 덮치면 그것은 주님께서 하시는 일이 아니겠느냐"라고 한다.…보에티우스는 어떤 철학자의 질문을 소개한다: "만약 하나님이 존재한다면, 악은 어디에서 오는가?" 하지만 오히려 그 반대라고 대답할 수 있을 것이다: "만약 악이 존재한다면, 하나님은 존재한다"(*Summa Contra Gentiles*, 3.1.71.3-3.1.71.10).[115]

또한 아우구스티누스의 미학적 신정론의 영향은 단지 중세에만 머물지 않았다. 악을 극복하는 아름다움, 부분의 추함과 전체의 아름다움의 대조, 풍부함의 원칙을 위한 불평등의 필요성, 존재와 아름다움의 동일성, 하나님의 숨겨진 섭리와 인간 인식의 한계에 대한 아우구스티누스의 생각들은 근대 신학의 역사에 있어서 "신정론"(théodicée)이라는 말을 처음 만들어낸 라이프니츠의 철학, 그리고 알렉산더 포프(Alexander Pope)의 시 「인간에 대한 에세이」 등에서 주도적인 형이상학적 신학의 저류로 흐르고 있다. 이런 이유에서 아우구스티누스에 대한 성찰을 포프의 시를 인용하는 것으로 결론짓는 것이 어쩌면 적절해 보인다.

「인간에 대한 에세이」

거대한 미로, 하지만 계획 없지는 않은
…
웃어야 할 때는 웃어라
솔직할 수 있다면 솔직해라
하지만 하나님의 방식을 인간에게 변증하라
…
거대한 존재의 사슬!
(Vast Chain of Being!)
하나님에게서 시작하여

---

115) Saint Thomas Aquinas, *Summa Contra Gentiles, Book Three: Providence, Part I*, trans. Vernon J. Bourke (London: University of Notre Dame Press, 1975), 238-241.

천상의 존재들, 인간, 천사, 남자,
짐승, 새, 물고기, 벌레,
어떤 눈으로도 볼 수 없고
어떤 안경도 볼 수 없는 것!
무한한 미립자에서 당신에게로,
당신에게서 무(無)에게로
...

모든 부조화란 이해되지 않는 조화
모든 부분적 악, 그러나 보편적 선
(All partial evil, universal good)
실수하는 이성의 교만에도 불구하고
한 가지 확실한 진리:
존재하는 어떤 것도, 옳은 것이다
(Whatever IS, is RIGHT).[116]

---

116) Alexander Pope, "An Essay on Man," in *The Norton Anthology of Poetry*, 3rd ed. (New York and London: W. W. Norton & Company, 1970), 424-430.

II부: 지옥의 아름다움

아우구스티누스가 도덕적(道德的)이고 미학적(美學的)인 서로 다른 차원에서 두 종류의 신정론을 제시하고 있는 것처럼, 그의 비평가들도 이에 따라 크게 두 부류로 나누어 진다. 우리는 먼저 도덕적 차원에서 아우구스티누스의 자유의지 신정론에 대한 데이비드 그리핀의 과정신학적 비판을 살펴본 후에, 아우구스티누스의 미학적 신정론에 대한 비판적 논의들을 보다 집중적으로 고찰하고자 한다. 마지막 결론에서 필자는 아우구스티누스의 미학적 신정론에 대한 필자 자신의 제한적인 내재적 비판을 제공할 것이다. 그 비판의 핵심은 우주적 아름다움을 위해 대조로서 필요한 요소들이 단지 우주라는 공간에서 발견되는 외적(外的) 요소들이 아니라 각 개별 존재의 죄와 은총에 대한 삶의 내적(內的) 기억들 속에서 찾아진다면 아우구스티누스의 미학적 신정론이 보다 설득력을 가질 것이라는 가설이다. 따라서 필자는 단지 외적인 대조에 기초한 "지옥의 아름다움"은 결코 존재할 수 없으며, 하나님의 영혼-만들기의 아름다움에 의해 대체되어야 한다고 주장한다.[1] 또한 이러한 가설이 아우구스티누스 자신의 아름다운 정의라는 사상과도 보다 조화롭다고 생각한다. 이러한 비판적 논의들에 앞서 아우구스티누스의 신학적 미학에 대

---

1) 필자는 "지옥의 아름다움"(beauty of hell)이라는 표현을 브라운에게서 차용하였다. Frank Burch Brown, "The Beauty of Hell: Anselm on God's Eternal Design," *Journal of Religion* 73, no. 3 (July 1993): 329-356.

한 해석의 두 대표적 흐름을 먼저 살펴보도록 하자. 아리스토텔레스가 말했듯이 항상 경이로움이 비판적 사유를 선행하며 선행해야 하기 때문이다.

11. 아우구스티누스 미학의 해석자들: 영적 아름다움과 성례전적 아름다움

아우구스티누스의 신학적 미학을 해석하는 데에는 크게 두 방향이 존재한다. 그의 미학이 기독교의 영향으로 점차 영성화되어갔다는 영성적 종말주의(靈性的 終末主義, spiritual eschatology)의 입장과, 오히려 반대로 기독교의 영향 때문에 점차 성례전화되어 갔다는 성례전적 성육주의(聖禮典的 成肉主義, sacramental incarnationalism)의 입장이다. 전자의 가장 대표적인 인물은 스보보다(Karel Svoboda)로서 그의 《아우구스티누스의 미학과 그 자료들》(*L'esthétique de S. Augustin et ses sources*, Paris-Brno, 1933)에서 이러한 점진적 영성화의 해석을 제시한다. 스보보다는 아우구스티누스가 나이가 들어감에 따라 점점 더 금욕적인 영성을 보여주고 있다고 평가한다. "세월이 흐름에 따라 아우구스티누스의 사상은 감각적인 요소들의 껍데기를 벗어버리거나 영성화시켰고, 감각적 아름다움에서 지성적 아름다움으로 옮겨갔으며, 여기 밑의 인간 예술가에서 창조주 예술가에게로 옮겨갔다. 분명 이러한 영성화는 기독교의 영향 때문이다."[2] 청년 아우구스티누스의 세계의 아름다움과 예술에 대한 처음의 경이로움은 점차로 기독교의 영성을 보다 깊이 발견해가면서 오히려 세계부정적, 종말론적, 금욕주의적 미학으로 발전해 갔다는 것이다.

그러나 오코넬(Robert J. O'Connell)은 《성 아우구스티누스의 예술론과 기독교 지성론》에서 아우구스티누스의 신학적 미학이 점진적으로 영

---

2) O'Connell, *Art and the Christian Intelligence*, 2-3에서 재인용되고 있다. 이와 유사한 맥락에서 해리슨은 아우구스티누스의 전기의 신플라톤주의적 미학과 그의 후기의 보다 기독교적인 미학을 각각 "어린 아이의 장난감 만화경"과 "중세의 빼어난 스테인드글라스 창문"에 비유한다. Harrison, *Beauty and Revelation*, 12.

성화되었다는 결론을 한편으로 인정하면서도, 다른 한편으로 그러한 영
성화가 기독교적 영향에 의한 필연적 귀결이라는 해석에는 반대한다. 스
보보다의 주장처럼 기독교의 영향일 수도 있지만, 오코넬 자신은 그러한
영성화를 플로티누스의 신플라톤주의철학의 영향으로 평가한다. 인간은
선재하던 영혼이 추락하고 타락하여 이 세상에 오게 된 것이라는 플로
티누스의 인간론이 아우구스티누스에게 깊은 영향을 주었다는 것이다.[3]
또한 나아가 기독교는 영성화에 동반되는 세계부정적인 종말론적 태도
를 가지고 있지만, 또한 보다 세계 긍정적인 성육신론적 혹은 성례전적
태도도 가지고 있다고 그는 지적한다. "기독교는 진정 감각적 아름다움
에서 지성적 아름다움으로의 이러한 전향을 요구하는가?…단순화시켜
본다면 이른바 종말론자(終末論者, eschatologist)는 세계부정적인 금욕
주의를 기독교 메시지의 필수불가결한 요소라고 주장할 것이지만, 성육
신론자(聖肉身論者, incarnationist)는 세계, 감각적인 것, 인간의 내재적
본질, 혹은 나중에 세속적 가치라고 불린 것들에 대해 보다 긍정적인 평
가를 내린다."[4] 기독교의 메시지의 가장 근원적인 핵심은 하나님이 우리
와 함께 육신으로 계셨다는 성육신의 신비라는 것이다. 결론적으로 오코
넬은 아우구스티누스의 신학적 미학이 분명 점진적 영성화라는 결과를
가져온 것은 유감스러운 사실이지만, 그것이 반드시 전적으로 기독교의
영향 때문만은 아니라고 본다. 또한 보다 성육신적이고 세계긍정적인 기
독교의 신학적 미학이 아우구스티누스에게서 가능했을 수도 있었다는
강한 아쉬움을 표현한다.[5] 이러한 이유로 오코넬 자신은 아우구스티누스

---

3) O'Connell, *Art and the Christian Intelligence*, 4. 오코넬은 아우구스티누스의 이러한
견해를 "천사론적"(angelic) 인간관이라고 부르며 아우구스티누스의 상승의 미학과 관
련시킨다. 같은 책, 61 참조.
4) O'Connell, *Art and the Christian Intelligence*, 3.
5) 오코넬의 이러한 평가에 동의하며 브라운은 아우구스티누스의 미학의 문제점을 다음
과 같이 지적한다. "다른 해석자들이 분명히 발견하였듯이, 아우구스티누스의 이론이
가지는 문제점은 지상적인 아름다움이 얼마나 영적으로 도움이 되는가에 대한 그의
분명하지만 간헐적인 긍정을 제대로 [체계적으로 자신의 이론 안에 수용하고] 평가하

의 사유의 몇몇 수정들을 통해 이러한 세계긍정적이며 성육주의적 미학의 가능성을 제안하기조차 한다. 어쩌면 지나치게 금욕적인 아우구스티누스의 미학은 기독교의 영향을 너무 많이 받았기 때문이 아니라 오히려 철학의 영향을 너무 많이 받았기 때문일 수도 있는 것이다.

해리슨(Carol Harrison)은 폰 발타자의 영향을 받아 아우구스티누스 미학의 신학적 차원에서의 평가에 보다 집중하며 단지 미학적 측면만을 강조한 앞의 두 대표적인 입장들에 모두 결함이 있다고 본다. 기독교의 영향으로 아우구스티누스의 미학이 점진적으로 영성화되었다는 스보보다의 해석에 대해 해리슨은 오코넬에 동의하며 오히려 그 반대의 경우라고 주장한다. 오코넬에 대한 평가는 그러나 보다 양면적이다. 한편으로 그의 성육주의적 미학에 대한 강조를 긍정적으로 수용하면서도, 다른 한편으로 그는 아우구스티누스의 미학이 지니는 신학적 측면을 보는데 실패하였다는 부정적인 평가를 내린다. 그 이유를 해리슨은 오늘날 우리 현대인이 예술과 관련하여 생각하는 것들을 오코넬이 지나치게 아우구스티누스의 신학적 미학에 적용하고자 하였기 때문이라고 본다. 이러한 두 대표적 해석가들에 대항해서 해리슨은 아우구스티누스의 신학적 미학이 오코넬이 제안하는 수정이 없이도 항상 성육주의적이었고, 현재도 그러하며, 앞으로도 그렇게 남을 것이라고 주장한다. 다시 말해 오코넬은 아우구스티누스의 미학이 성례전적 성육주의에 기초한 미학이 될 수도 있는 가능성만을 보았지만, 해리슨은 '이미' 그것은 성례전적 성육주의에 기초한 미학이라는 평가를 내린다. 보다 구체적으로 해리슨은 아우구스티누스의 성례전적 성육주의 미학의 네 가지 중요한 신학적 교리들

지 못한다는 데 있다." Frank Burch Brown, *Good Taste, Bad Taste, and Christian Taste: Aesthetics in Religious Life* (Oxford and New York: Oxford University Press, 2000), 109. 또한 같은 책 114-117에서 브라운은 예술작품의 아름다움 자체에 대한 진정한 독립적인 긍정 없이는 그것을 통한 하나님의 아름다움에로의 상승이 불가능할 뿐 아니라, 우리가 예술가의 예술작품에서 사랑하는 것은 단지 외적 사물의 아름다움이 아니라 그것을 통해 표현되고 있는 예술가의 영혼의 아름다움이라고 주장한다.

로 "무로부터의 창조, 하나님 형상을 닮은 인간의 창조, 하나님의 말씀으로서의 성서, 그리고 가장 중요하게는 성육신 자체"를 꼽는다.[6]

12. 데이비드 그리핀: 아무도 자유로울 수 없는 우주

그리핀(David Griffin)은 자신의 과정신학적 관점에서 아우구스티누스의 자유의지 신정론에 대한 비판을 제시한다. 그는 "어느 누구도 아우구스티누스의 우주 안에서 자유롭게 죄를 지을 수 있는가?"를 질문한다.[7] 그리핀은 아우구스티누스의 신정론의 타당성이 바로 이 질문에 놓여있다고 본다. 만약 죄를 짓거나 짓지 않을 수 있는 진정한 자유가 없다면, 사람들이 영원한 형벌을 받아 마땅하다는 아우구스티누스의 주장은 일관성을 가질 수 없고 그의 신정론도 해체될 수밖에 없다. 그리핀은 아우구스티누스가 자유로운 선택이 실제로 존재한다고 주장하려 의도했다는 것을 부인하지는 않는다. 우리는 여러 문헌들의 고찰을 통해 하나님의 섭리적 돌보심 안에서도 인간의 의지는 충분히 자유롭다는 아우구스티누스의 견해를 이미 앞에서 살펴보았다. 그러나 그리핀은 행동 능력

---

6) Harrison, *Beauty and Revelation*, 35-36. 해리슨의 성례전적 성육주의에 대한 강조는 신학적으로 정당하다고 필자는 생각하나, 그것이 오코넬의 분석보다 아우구스티누스의 미학적 신정론을 어떻게 보다 설득력있게 만드는지 모르겠다. 오히려 아우구스티누스의 악에 대한 철저한 실존적 고뇌를 계시의 순수한 단일론적 아름다움으로 덮어버리고 있는 듯이 보인다. 다음과 같은 해리슨의 주장이 이러한 의심을 갖게 만든다. "아우구스티누스의 미학에 대한 이러한 [발타자의] 생각들의 함의는 결코 더 강조될 수 없을 만큼 중요하다: 아름다움(forma/formosus)은 하나님에 의해 주어졌고 하나님을 향하고 있는 존재와 뗄 수 없는 것이기에 기독교 계시의 전체—하나님의 우주 창조, 인간 안에 있는 하나님의 형상, 하나님의 역사 형성과 섭리, 성자에서의 하나님의 성육신—가 일종의 아름다움을 가지는 것이다. 그러한 아름다움은 시간적이고 가변적인 영역 안에 내재적인 아름다움이면서 동시에 초월적인 신성한 아름다움에서 기인하며 거기에 속한다"(ibid., 39).

7) Griffin, *God, Power, and Evil*, 59.

의 자유에 대한 아우구스티누스의 그러한 긍정이 "순전히 말 뿐"이라고 의심한다.[8] 왜냐하면 아우구스티누스는 하나님의 선지성을 신성의 결정적인 속성들 중 하나라고 주장함으로써 피조물의 자유로운 선택을 아주 모호한 어떤 것으로 만들기 때문이라는 것이다(civ. Dei 5.9).

그리핀은 자신의 주장을 보다 명확하게 하기 위해 선지성(先知性, prescience)와 전지성(全知性, omniscience)를 구분한다. 과정신학의 관점에서 볼 때 하나님의 전지성이란 선지성과는 다르며, 미래를 제외하고 하나님이 알 수 있는 모든 것을 아신다는 것을 의미한다. "달리 말해 전지한 존재도 (일정 정도 미래의 추상적인 특징들이 현재에 이미 정해졌다는 측면을 제외하고는) 미래를 알지는 못할 것이다."[9] 하지만 아우구스티누스의 고전적 유신론의 패러다임은 하나님이 자신 안에 모든 시간적인 사건들에 대한 변하지 않는 지식을 가진다고 주장한다. 그러한 하나님 지식의 불변성(不變性, immutability)의 관점에서는 전지성이 또한 선지성을 의미할 수밖에 없다. 인간의 자유가 단지 말 뿐이 아니라 중요한 의미를 지닌다면, 그러한 자유는 하나님의 선지성과는 결코 병존할 수 없다고 그리핀은 생각한다. 행위자가 정당하게 책임을 져야 할 상황에서 그의 행동이 "자유로웠는지" 물을 때, "행위자가 다르게 행동할 수 있었는가를 우리는 묻는 것이어야 한다." 그러나 아우구스티누스의 우주 안에서 한 사람의 삶이란 그가 실제적으로 산 삶의 행적과 점 하나에서도 다를 수 있는 가능성이란 없다. 그리핀은 다음과 같은 이유 때문이라

---

8) Ibid., 60.
9) Ibid., 60. 찰스 하트숀도 선지성을 포함한 하나님의 전지성이란 개념적으로 공허한 "무시간적인 전지성"(timeless omniscience)일 뿐이며, 여기에 비해 "유일하게 역설적이지 않은 전지성의 개념"이란 과정사상의 "시간적인 전지성"(temporal omniscience)이라고 주장한다. Charles Hartshorne, *Man's Vision of God and the Logic of Theism* (Chicago and New York: Willett, Clark & Company, 1941), 137. 이런 이유에서 하트숀은 아우구스티누스의 자유 개념과 또한 그의 논지를 반복하는 라이프니츠를 비판한다. Charles Hartshorne, *The Logic of Perfection and Other Essays in Neoclassical Metaphysics* (La Salle, Illinois: Open Court Publishing Company, 1962), 19-20.

고 추론한다. 만약 내년에 내가 A나 B 대신 C라는 행위를 하게 될 것을 하나님이 미리 알고 계시다면, 하나님의 선지성은 절대로 틀릴 수 없기에 나는 필연적으로 C를 하게 된다. 이것은 "진정한 대안들 중에 선택할 진짜 자유"가 나에게 주어지지 않았다는 것을 의미한다. 나의 자유란 단지 환상일 뿐이며 나는 다르게 행동할 수 없었다. 왜냐하면 하나님의 영원불변하는 선지성은 실수를 할 수 없기 때문이다. 그렇다면 어떤 이가 다르게 행동할 가능성이 전혀 없었을 때에도 그가 도덕적인 비난을 받을 수 있단 말인가? 자유란 개인이 실제로 행동한 것과는 다르게 행동할 수도 있었다는 것을 의미해야만 한다. "이러한 의미에서의 자유로운 선택은 우리에게는 아직 미래인 일들에 대해 미리 상세하게 선지하고 있는 존재와는 병립될 수 없다"고 그리핀은 결론내린다.[10]

인간의 자유와 하나님의 선지성의 병존 가능성에 대한 그리핀의 비판에 비록 필자는 부분적으로 공감하지만, 그러한 비판이 아우구스티누스의 신정론에 대한 내재적(內在的, internal) 비판으로서는 실패했다고 생각한다. 즉 그리핀의 신정론 책의 "아우구스티누스: 전통적인 자유의지의 옹호"라는 장에서, 그리핀은 "그[아우구스티누스] 자신의 중심적 사유들을 통해서 악의 문제"를 분석하고 내재적으로 비판할 것이라는 그리핀 자신의 해석학적 원칙을 일관성있게 지키지 않았기 때문이다. 이러한 내재적 해석학의 관점에서 볼 때 아우구스티누스의 신정론의 틀 안에서 전능한 하나님과 내세에 대한 믿음을 수용하는 것은 결코 비합리적이지도 자기모순적이지도 않다고 그리핀은 인정하였다. 그리핀은 이러한 것들로 인해 아우구스티누스를 비판하는 것은 "시대착오적인" 발상이라고까지 보았다.[11] 하지만 그럼에도 불구하고 그리핀은 진정한 자유라는 과정신학적 개념을 외부로부터 도입하지 않고 아우구스티누스의 지옥의 영원한 형벌을 아우구스티누스의 사유 체계 안으로부터 해체하

---

10) Griffin, *God, Power, and Evil*, 60-61.
11) Ibid., 57.

는 내재적 비판의 방식을 택하지 않는다. 오히려 그는 아우구스티누스가 주장한 인간의 자유와 하나님의 전지성의 "병행주의"(compatibilism)만을 이러한 내재적 비판의 해석학적 원칙에서 예외로 제외시켜서 과정신학의 "자유주의적"(libertarian) 자유 개념과 대조적으로 비판하고 있다.[12] 그리핀의 주된 질문은 우리가 상기하듯이 "아우구스티누스의 우주 안에서" 어느 누구도 자유롭게 죄를 지을 수 있는지였다. 또한 그리핀은 자유가 다른 맥락에서 다양한 방식으로 정의될 수 있다고 인정한다. 그러나 신정론의 담론에서 그것이 논의될 때에는 그리핀은 "진정한 대안들 중에 선택할 진짜 자유"라고 하는 자신의 자유주의적 자유 개념에 모두가 합의할 것이라는 전제를 암묵적으로 강요하는 듯하다. 불행히도 모두가 합의할 수 있는 패러다임 중립적이고 보편적인 자유 개념을 명확하게 정의내리고 수용하고자 시도할 때에, 우리는 이런 저런 또 하나의 형이상학적 패러다임 속으로 우리 자신이 항상 되돌아가는 것을 발견하게 된다. 아무도 보편적 중립이라는 형이상학적 유토피아에 설 수는 없기 때문이다.

예를 들어 "진정한 대안들 중에 선택할 진짜 자유"라는 그리핀의 개념도 언뜻 보는 것처럼 그렇게 분명하거나 중립적이지는 못하다. 그리핀의 자유는 우리가 A, B, C와 같은 다양한 여러 시간적 삶들을 밖에서 조망할 수 있으며, 이러한 대안들을 서로 비교한 후에 이 중에서 하나의 시간적 삶을 선택할 수 있다는 것을 의미하는가? 이런 생각은 별로 설득력이 없어 보인다. 인간인 우리가 경험할 수 있는 것은 언제나 단일한 선으로 구성된 시간적 삶이고 그 결과이다. 따라서 우리의 행동은 항상 하나의 결과만을 가져오며, 여기에 가능했을 다른 행동의 대안들이라는 가설은 이런 저런 형이상학적 틀에 의해서 나름대로 설명되어야 하는 것이다. 혹은 그리핀의 자유는 하나의 시간적 삶 중에서 A, B, C라는 사

---

12) Cf. David R. Griffin, "Critique," Stephen T. Davis ed., *Encountering Evil: Live Options in Theodicy* (new ed., Louisville: Westminster John Knox Press, 2001), 94.

건들이나 행동들이 인간에게 진정한 대안들이 되기 위해서는 동일한 정도의 매력, 즉 동일한 유인력(誘引力)을 가져야 한다는 어떤 일종의 논리적 전제를 가리키는 것일까? 하지만 새무엘 클락(Samuel Clarke)이 라이프니츠와의 논쟁에서 언급한 뷔리당(John Buridan, 1300-1358?)의 유명한 당나귀의 예에서처럼, 현실세계에서는 둘 이상의 대안들 사이의 유인력의 완벽한 균형이란 존재할 수도 없으며 존재하는 것이 바람직하지도 않다. 왜냐하면 뷔리당의 당나귀는 매우 이성적이어서 자신의 코로부터 동일한 거리에 떨어져있는 동일한 크기와 동일한 맛을 지닌 두 지푸라기 더미 사이에서 어느 하나를 선택해야할 어떤 합리적인 이유도 발견하지 못할 것이고, 그러한 유인력의 완벽한 균형 때문에 풍성한 음식 가운데서도 당나귀는 굶어죽고 말 것이기 때문이다.[13] 여기서 필자가 주장하려는 유일한 것은 그리핀의 "진정한 대안들 중에 선택할 진짜 자유"라는 개념은 그가 제안하고 있는 것처럼 그리 자명하지도 패러다임 중립적이지도 보편적이지도 않으며, 아우구스티누스의 자유 개념이 병행주의, 무(無), 대조적 조화의 아름다움 등과 같은 추가적인 형이상학적 가설들을 수반하였던 것과 동일하게 화이트헤드의 유혹하시는 하나님, 결정의 사적(私的) 성격, 미학적으로 진보하는 우주 등과 같은 과정신학의 다른 형이상학적 가설들을 수반하고 있다는 사실이다. 결과적으로 우리가 아우구스티누스의 형이상학적 우주 안에서 사유하고자 한다면 그의 병행주의 자체가 비합리적이거나 이해불가능한 것이라고 비판해서는 안 될 것이다. 내재적 비판은 아우구스티누스 자신의 중심적 사유들을 통해 이루어져야 하기 때문이다.

필자는 여기서 신정론의 담론에 있어서 우리는 하나의 일관된 형이상학적 패러다임 안에서 그것 자체의 내재적 개념들과 논리들을 이용하여 할 수 있는 한 최선을 다해 악의 문제를 대면하고 그것이 우리를 어디로 데려가는지 보아야 한다는 필자 자신의 개인적 견해를 전제하고

---

13) Lovejoy, *Great Chain of Being*, 168-9.

있다. 하나의 형이상학적 패러다임에 대한 진지한 헌신이 없다면 우리는 항상 한가한 이론들의 수집가나 여행자로 남게 될 것이다. 더군다나 내재적 비판은 종종 가장 효과적인 비판이 되곤 한다. 하지만 진지한 내적 헌신과 비판에도 불구하고 더 이상 그 패러다임의 형이상학적 우주 속에 자신이 거주할 수 없다면 우리는 또한 당연히 떠나야 할 의무도 지닌다. 내재적 비판이 더 이상 충분하지 않다고 생각되는 시점이 온다면, 그것은 서로 다른 형이상학적 체계들을 함께 사유하고 선택하는 대조적(對照的, comparative, contrastive) 비판에게 자리를 내어주어야 할 것이다.[14] 패러다임 자체의 내적인 아포리아(aporia)에 의해 강제되거나 혹은 다른 형이상학적 상상력이 제공하는 외적 충격에 의해서거나, 우리는 서로 이질적인 신정론 패러다임 사이의 차이들을 정직하게 강조하고 더 나아가서는 일종의 신학적 패러다임의 전환까지 결단해야 할 때가 있다. 이처럼 필자는 아우구스티누스, 화이트헤드, 그리고 헤겔의 형이상학적 세계관들 사이의 충돌을 고찰하기에 앞서 우선 아우구스티누스의 고전적 유신론의 패러다임 안에서의 제한적인 내재적 비판의 가능성을 제공하고자 시도하는 것이다.

13. 폴 리꾀르와 존 힉: 도덕적 하나님과 미학적 하나님

미학적 차원에서 아우구스티누스를 비판하는 이들은 크게 두 부류로 나누어질 수 있다. 한 부류의 학자들은 아우구스티누스의 신정론이 지니는 '미학적'(aesthetic) 특징 그 자체를 부정적인 어떤 것으로 비판하고 있으며, 또 다른 부류의 이들은 그의 미학적 신정론이 지니는 보다 '구체적인'(specific) 한계들을 지적한다. 비록 이러한 구분이 매우 분명하

---

14) 우리는 "내재적" 비판과 "대조적" 비판의 차이에 대해 3권에서 화이트헤드의 미학적 신정론을 다룰 때에, 특히 "심판대에 선 전능자: 신정론은 일원론의 문제인가 아니면 힘의 문제인가?"라는 장에서 다시 다루게 될 것이다.

게 나누어지지는 않을 수도 있으며 또한 두 가지 동기가 함께 공존하는 예도 있을 것이지만, 이러한 잠정적 구분은 나중에 아우구스티누스의 미학적 신정론을 내재적 비판을 통해 수정하고자 하는 필자의 의도에 도움이 된다. 필자 개인은 하나님과 악의 공존 가능성을 미학적 관점에서 변증하는 것 자체가 본질적으로 혐오스러운 비판의 대상이 된다고 생각하지는 않으며, 아우구스티누스의 신정론이 보다 구체적으로 어떤 측면들에서 미학적으로 혹은 신학적으로 보다 설득력이 있거나 없는지 그리고 개선의 여지는 없는지 밝히는 데 관심을 가진다.

스토아학파의 미학적 신정론은 고대에도 이미 철학적 비판의 대상이었다. "희극작가들이 그것 자체로는 조악하고 어리석은 대사들을 넣음으로써 전체 연극을 매력적으로 만드는 것처럼, 그대가 그것 자체로는 악이라고 비난하는 것이 다른 사물들과의 관계에서는 필요가 없는 것이 아니다"라는 스토아학파 크리시푸스(Chrysippus, c. 280-207)의 주장에 대해서, 중기 플라톤주의자인 플루타르코스(Plutarchus, c. 40-127)는 다음과 같은 세 가지 이유에서 반대한다. 첫째, 스토아학파의 미학적 유비에 기초한 섭리론은 "선하신 신을 악의 기원으로 만드는 것"으로 신에 대한 부조리한 신성모독적인 사상을 퍼뜨리는 것이다. 신은 선의 수여자이지 악의 수여자는 아니다. 둘째, 신은 세계와 역사를 단지 웃음을 위한 희극으로 창조하지는 않았다. "핀다로스가 묘사했듯 가장 지고하고 가장 정의로우며 가장 선한 창조자 아버지이신 제우스가 이 세계를 웅대하고 다양하며 영리한 연극으로 만든 것이 아니라, 정의와 미덕 가운데서 신들과 인간들이 동료로서 그 속에서 조화롭고 축복되게 살아갈 수 있는 공화국으로 만든 것이다. 그리고 이러한 가장 아름답고 성스러운 목적을 위해 강도들과 살인자들, 반역자들과 폭군들이 무슨 필요가 있는가? 신의 눈에는 악덕이 단지 매력적이고 영리한 부수적인 연기로 보여질 수 없으며, 조잡한 농담과 익살을 위해 인간의 삶에 불의한 일을 가져오지도 않는다. 신은 우리의 삶을 스토아주의자들이 말하는 그 유명한 '조화'라고 꿈꾸는 것조차 허락치 않을 것이다." 셋째, 만약에 스토아학파가 주장하는 것처럼 위대한 아름다움은 작은 부분의 어두운 색채와 악을 요구한다고 하더라도, 우리의 삶은 그렇다기보다는 오히려 이러한 어두움으로 가득 차 있다. 삶이란 가장 아름다운 연극이라기보다는 모든 연극들 가운데서도 가장 저속하고 슬픈 연극이다.[15]

폴 리꾀르(Paul Ricoeur)는《에네아데스》에서의 플로티누스의 스토아주의적 섭리론에 대해 악의 존재를 우주의 미학적 아름다움의 완성을 위해 도구화시키고 합리화시킨다고 비판한다. 리꾀르의 견해에 따르면 그것은 이데올로기적 수사법 외에 아무 것도 아니며, 실제적 악들과 씨름하기보다는 생각 속에서 단지 그것들의 그림자인 미학적 메타포 혹은 이미지와 씨름하는 것이다.

> 하지만 신정론이란 것이 논쟁적이고 설득적인 수사법의 차원을 결코 넘어서지 않는다는 것을 누가 보지 못하겠는가? 그것이 너무도 많은 논쟁의 자료들을 가지고 있으며, 그 약점에 비례해서 더 많은 자료들을 가지고 있는 것은 결코 우연이 아니다. 왜냐하면 어떻게 인간의 사유가 총체성의 눈이라는 관점에까지 올라가서 "질서가 있기 때문에 무질서도 있다"고 말할 수 있단 말인가? 그리고 만약 그러할 수 있다고 하더라도 그것은 역사의 슬픔을 하나의 소극(笑劇)으로, 빛과 그림자의 못된 소극으로, 나아가 일종의 부조화의 미학(esthetic of discord)으로 환원시키는 것이 될 것이다! ("부조화도 그 나름의 아름다움을 가진다"; "모든 마을에는 반드시 거기의 폭군이 있으며 그가 있다는 사실은 좋은 것이다. 폭군도 자신이 필요한 자리를 가진다.") 그러한 것이 신정론의 나쁜 신앙이다. 그것은 실제적 악에 대해 승리하지 못하며, 오직 그것의 미학적 유령(esthetic phantom)만을 이길 뿐이다.[16]

실제적 악이 부조화의 미학론에 의해 극복된다고 믿는 것이 바로 플로

---

15) Charles M. Bakewell, *Source Book in Ancient Philosophy* (New York: Charles Scribner's Sons, 1907), 278-287.
16) Paul Ricoeur, *The Conflict of Interpretations*, ed. Don Ihde (Evanston: Northwestern University Press, 1974), 311-312.

티누스의 신정론의 "나쁜 신앙"이다. 이러한 리꾀르의 강력한 저항적 비판은 신학자들로 하여금 악의 문제를 다루는데 있어서 순전히 "이론적" 혹은 "미학적" 접근을 피하고, 보다 "실천적" 차원에서 접근해야 한다고 보는 이유를 제공하였다.[17]

플루타르코스와 리꾀르의 스토아주의적 신정론에 대한 비판과 흡사하게, 존 힉(John Hick)은 아우구스티누스의 미학적 신정론을 자신의 이른바 이레니우스적 신정론에 비판적으로 대조시킨다. 힉은 이레니우스적 신정론을 그 기본 특징에 있어 근본적으로 윤리적이고 인격적이라고 주장한다. 힉의 기본적인 논지는 하나님과 인간 사이의 관계가 일종의 우주적 예술가와 그의 생명 없는 예술작품의 관계로서가 아니라, 인격적인 나-당신(I-Thou)의 관계로서 이해되어야 한다는 것이다.

> 아우구스티누스의 사유의 이러한 측면에 대해 언급하자면 나는 그의 사유의 기본적인 관점이 윤리적(倫理的 ethical)이라기보다는 미학적(美學的, aesthetic)이라고 특징짓는 것이 정확하다고 생각한다. 그의 창조론에 대한 적합한 유비의 예는 자신의 창조활동의 결과물들을 즐거워하는 예술가의 유비이지, 피조된 인간들과 인격적 관계를 가지려고 모색하는 인격의 유비와는 거리가 있다. 아우구스티누스가 최초의 심리학자라고 불리어져 왔다는 사실에도 불구하고, 그의 형이상학적 논증들은 인격과 인격적 관계라는 개념들보다는 본질과 실체라는 개념들을 서슴없이 사용하고 있기 때문이다.[18]

여기서 힉은 신학에서의 "미학적" 접근은 하나님의 인격적이고 도덕적인 선하심을 적절하게 전달할 수 없기 때문에 그 자체로 결함이 있다고 제

---

17) Kenneth Surin, *Theology and the Problem of Evil* (Oxford: Basil Blackwell Inc., 1986), 77-78.
18) Hick, *Evil and the God of Love*, 53. 존 힉 / 김장생 옮김, 《신과 인간 그리고 악의 종교철학적 이해: 아우구스티누스에서 플란팅가까지 신정론의 역사》 (파주: 열린책들, 2007), 66.

안하는 듯 보인다.

힉은 나중에 아우구스티누스의 미학적 신정론이 왜 설득력이 없는지 추가적인 이유들을 보다 상세히 제시한다. 첫째로, 아우구스티누스는 "무로부터의 악의 자기 창조"(the self-creation of evil 'ex nihilo')라는 신비를 설명하지 않는다. 하나님의 선하신 창조와 피조된 존재들의 자발적인 자유의 오용이라는 아우구스티누스의 자유의지 신정론의 두 중심 사상에 대해서 힉은 이것들이 아우구스티누스의 미학적 신정론의 일부분을 이루고 있을 뿐 아니라 "완벽하게 선하게 창조된 피조물이 죄를 지을 수 있다는 생각은 자기 모순적일 뿐 아니라 이해할 수 없는 생각이다"라고 말한다.[19] 이러한 힉의 비판은 슐라이에르마허의 다음과 같은 진술에 기초한 것이다. "이른바 선한 천사들의 타락에 관해서는, 그러한 선한 천사들이 더 완전하다고 가정될수록 이미 타락 이후에 결과로서 찾아오는 교만과 시기 외에는 어떠한 동기도 찾기가 더 불가능할 것이다.… 우리 가운데 발달되고 있는 악마라는 개념은 너무도 불안정하기 때문에 그 진실에 대해 어느 누구도 설득되리라 기대할 수 없다. 더군다나 우리 교회는 그러한 개념을 교리적으로 결코 사용한 적이 없다."[20] 그래서 힉은 사악한 의지는 그 자신 이외에 더 이상의 추가적인 이유를 가지지 않는다는 아우구스티누스의 입장이 아무 것도 설명하지 않을 뿐 아니라, 그러한 '무로부터의 악의 자기 창조'는 사실은 '하나님으로부터의 악의 창조'를 암묵적으로 제안한다고 본다. 왜냐하면 둘째로, 천사들과 인간들은 거의 사실상 타락에로 미리 예정되어졌기 때문이다. 아우구스티누스는 타락한 천사들이 그렇지 않은 천사들보다 하나님으로부터 은총을 덜 받았거나, 아니면 그렇지 않은 천사들이 하나님으로부터 보다 큰 도움을 받았다고 본다(civ. Dei 12.9). 힉은 이것이 오직 "사탄의 타락의 궁극적인 신적 예정"을 의미하는 것으로 밖에 해석될 수 없다고 주

---

19) Hick, *Evil and the God of Love*, 62ff.
20) Friedrich Schleiermacher, *The Christian Faith* (Edinburgh: T & T Clark, 1989), 161 (§44).

장한다.[21] 또한 이러한 무로부터의 악의 자기 창조라는 신비는 인간 존재에게도 동일하게 적용되어진다. 더군다나 이러한 신비에 또 하나의 신비, 즉 "아우구스티누스의 구원으로의 자의적이고 선택적인 예정의 교리"가 추가적으로 덧씌어진다."[22] 하나님은 같은 죄인들의 덩어리에서 몇몇은 구원으로 선택한 반면 나머지는 정의의 심판에 남겨둔다. 하지만 아우구스티누스는 왜 그런지 설명하지 않는다. 셋째로, 아우구스티누스가 창조와 영원한 심판에 대한 설명을 제공하고 있다고 하더라도 힉은 그러한 설명이 매우 미학적이어서 반감을 주는 것이라고 여긴다. 신플라톤주의적인 "풍부함의 원리"가 왜 우주에 죄인들과 저주받은 자들을 포함해서 모든 가능한 형태의 존재들이 있어야 하는지를 설명할 수는 있을 것이다.[23] 하지만 이러한 미학적 낙관주의는 하나님의 선하심에 대한 기독교적 사상을 충실하게 전달하고 있지는 못하다. 왜냐하면 지옥과 거기에 거주하는 저주받은 자들은 "하나님의 창조 위에 남은 얼룩"으로 영원히 존재하게 될 것이기 때문이다.[24] 우리가 아우구스티누스의 대조적 조화의 미학적 신정론에 의해 어떤 이익을 얻게 되든지, 그것은 우주의 영원한 구성 요소로서의 지옥이라는 생각에 의해 압도될 것이라고 힉은 판단한다. 만약 사람들과 그들의 고난받음이 전체로서 아름다운 우주에 남게 되는 대조적인 얼룩 정도라고 한다면, 이러한 "우주의 완벽함에 대한 전적으로 미학적인 혹은 유사미학적인 이해는 그 특성에 있어 인격 비하적(sub-personal)이다."[25]

---

21) Hick, *Evil and the God of Love*, 64. 존 힉,《신과 인간 그리고 악의 종교철학적 이해》, 76 참조.
22) Hick, *Evil and the God of Love*, 66. 존 힉,《신과 인간 그리고 악의 종교철학적 이해》, 78 참조.
23) Hick, *Evil and the God of Love*, 72. 존 힉,《신과 인간 그리고 악의 종교철학적 이해》, 87 참조. 여기서 힉은 "풍부함"의 원리에 대한 러브조이(Arthur Lovejoy)의 비판을 인용하고 있다.
24) Hick, *Evil and the God of Love*, 89. 존 힉,《신과 인간 그리고 악의 종교철학적 이해》, 102 참조.

이와는 대조적으로 힉은 지옥의 아름다움을 필요로 하지 않으면서도 그 나름의 방식으로 아름다운 보편적 구원론(普遍的 救援論)을 제안한다. 보편적 구원 이하의 것을 약속하는 것은 "기독교 이하"(sub-Christian)의 생각이라고 힉의 이레니우스적 신정론은 주장한다.[26] 하나님의 창조의 이유는 풍부의 미학적 원칙에 의해서 이해되어서는 안 되며 유한한 인간의 삶을 위해서 "의도적으로 신비한 환경"의 창조로 이해되어야 한다.[27] 이러한 환경 속에서 인간은 이 세계를 포함해서 다가올 여러 세계들의 경험을 통해서 하나님과의 보다 인격적으로 친밀한 관계를 자유롭게 만들어 가게 된다고 힉은 본다.[28] 이러한 의도적으로 신비하게 만들어진 환경으로서의 세계는 하나님으로부터의 일종의 "인식론적 거리"(epistemic distance)의 역할을 한다. 인간이 하나님으로부터 인식론적 거리를 사이에 두고 창조된 것은 "그가 [하나님과의 인격적 사귐이라고 하는] 그러한 목표에서 타락하였기 때문이 아니라 그가 아직 거기까지 도달하지 않았기 때문이다."[29] 하지만 그렇다면 하나님은 왜 처음부터 영혼이 하나님 자신과 인격적으로 친밀하면서도 자유로운 관계를 가지도록 창조하시지 않은 것인가? 이 시점에서 힉은 필자가 생각하기에 그의 신정론을 이해하는데 결정적인 역할을 하는 주장, 즉 "어렵게 얻어진" 가치는 "미리 만들어져 주어진" 가치보다 본질적으로 보다

---

25) Hick, *Evil and the God of Love*, 195. 존 힉,《신과 인간 그리고 악의 종교철학적 이해》, 208 참조.

26) Hick, *Evil and the God of Love*, 106. 존 힉,《신과 인간 그리고 악의 종교철학적 이해》, 120 참조.

27) Hick, *Evil and the God of Love*, 197. 존 힉,《신과 인간 그리고 악의 종교철학적 이해》, 210 참조.

28) 힉의 이러한 일종의 윤회론적 사상은 불교뿐만 아니라 신플라톤주의자였던 플로티누스에게서도 발견된다. 그는 영혼의 윤회가 전생의 행동에 따라서 단지 같은 종으로만이 아니라 다른 종으로도, 예를 들어 인간에서 황소로도 환생할 수 있다고 주장한다.《에네아데스》 3.3.4 참조.

29) Hick, *Evil and the God of Love*, 282-283. 존 힉,《신과 인간 그리고 악의 종교철학적 이해》, 296-296 참조.

소중하다는 주장을 제시한다.

이에 대한 대답으로 도전과 유혹의 상황에서도 올바른 결정들을 통해 행위자 안에서 어렵게 얻어진(hard-won) 미덕들이 그 행위자의 어떠한 노력도 없이 그에게 미리 만들어져 주어진(ready-made) 미덕들보다 본질적으로 보다 더 가치가 있기 때문이라고 난 제안한다. 이러한 원칙은 논증을 통해 증명될 수는 없지만 자신에게처럼 다른 이들에게도 도덕적으로 적합하다고 여겨지며 설득력을 가지리라는 희망 아래 단지 제시할 수 있는 어떤 근본적인 가치 판단과도 같은 것이다. 반복하지만 그것은 반대되는 유혹에 직면하여 한 번도 선택할 필요가 없이 단지 행위자에게 원초적으로 주어진 본성으로서의 도덕적 선은 다른 여러 가능성들을 직면하면서도 행위자 자신의 책임있는 선택을 통해서 오랜 시간동안 쌓아지고 만들어진 도덕적 선보다 본질적으로 보다 덜 가치가 있다고 판단하는 것이다.[30]

한 사람이 도덕적으로 책임 있는 존재가 되기 위해서는 영혼-만들기의 과정을 거쳐야 하는 것이다. "기독교 신정론은 전체로서의 자연이 아니라 도덕적 인격성에 집중하여야 하며, 그러한 기독교적 신정론의 가장 중요한 원칙은 미학적이 아니라 윤리적인 것이어야 한다"라는 결론으로 힉은 아우구스티누스적 신정론에 대한 자신의 분석을 끝내고 있다.[31]

여기서 필자는 기독교 신정론이 미학적 원칙보다는 도덕적 원칙에 집중하여야 한다는 힉의 가장 포괄적인 주장만을 비판적으로 다루고자 한다. 윤리적 신정론과 미학적 신정론이라는 그의 선명한 대조와 관련하여, 필자는 힉이 자신의 영혼-만들기라는 이레니우스적 신정론을 "윤리적" 신정론이라고 잘못 이름을 붙였다고 도전한다. 둘의 내용이 같다고 한다면 어렵게 얻어진 도덕적 미덕이 미리 만들어져 주어진 도덕적 미

---

30) Hick, "An Irenaean Theodicy," *Encountering Evil*, 43.
31) Hick, *Evil and the God of Love*, 198. 존 힉,《신과 인간 그리고 악의 종교철학적 이해》, 211 참조.

덕보다 "본질적으로 보다 더 가치"가 있다는 힉의 주장은 순수하게 윤리학의 영역에서는 적용되지 않는 판단이라고 필자는 생각한다. 그러한 판단은 윤리적(倫理的, ethical) 판단이 아니라 가치론적(價値論的, axiological) 판단이다. 두 사람이 서로 다른 삶의 상황에서 동일한 윤리적 판단을 내렸다고 가정해보자. 예를 들어 히틀러가 실제로 육백 만명의 유태인들을 학살한 후에 여러 윤회의 세계들을 통한 영혼의 정화를 거쳐 살인하지 않는 윤리적 결정을 내렸다면 그것은 천국에서의 히틀러의 도덕적 성숙일 수는 있겠지만, 그것이 단 한번도 살인하는 것을 꿈꿔보지도 않은 성자들의 동일한 윤리적 결정보다 본질적으로 보다 더 가치가 있다는 주장은 윤리학에서 성립하지 않는다. 윤리학적 이론들은 도덕적 공리의 진리여부(예를 들어 "살인하지 말라.")를 다루는 것이지 그것을 습득하게 되는 과정을 다루는 것은 아니라고 필자는 생각한다. 이러한 맥락에서 힉의 주장에 대한 필립스(D. Z. Phillips)의 논평은 시사하는 바가 크다. "나는 단 한 순간도 힉의 성숙이라는 개념을 수용할 수 없다. 우리가 빠지기 쉬운 보다 저등한 선택들을 생각하지도 않는 사람들을 바로 그러한 사실 때문에 우리가 종종 칭송하기 때문이다."[32]

필자는 힉이 의도했던 것은 하나님과의 친밀한 인격적인 관계는 어떤 미리 만들어진 것으로 주어질 수는 없으며 시간과 경험을 통해 상호작용적으로 만들어져갈 수 있을 뿐이라는 논지라고 생각한다. 힉 자신이 나중에 보다 명확하게 규명하듯이 우리는 "'영혼-만들기'(soul-making)에 대해 지나치게 좁은 도덕론적(moralistic) 이해"를 가져서는 안된다. 그것은 단지 "용기나 연민같은 어떤 구체적인 도덕적 미덕을 획득하는가의 문제라기보다는 하나님과의 어떤 관계성 속으로 들어가는가의 문제이기 때문이다."[33] 여기서 힉 자신이 이레니우스적 신정론의 "도덕론적" 이해를 규제하거나 파기하고 있다고 볼 수 있기 때문에, 우리도

---

32) D. Z. Phillips, "Critique," *Encountering Evil*, 58.
33) Hick, *Evil and the God of Love*, 382. 존 힉,《신과 인간 그리고 악의 종교철학적 이해》, 391 참조. 이 마지막 장은 나중에 개정판에서 추가된 부분이다.

또한 그의 지나치게 엄격한 의미에서의 미학적 신정론과 윤리적 신정론이라는 대조를 유지할 필요는 없을 것이다. 사실 철학의 대표적인 세 영역(논리학, 윤리학, 미학)에서 어느 하나를 선택하라고 한다면,[34] 영혼 개인의 우주적 드라마를 하나님과 함께 엮어 나가는 과정에 집중하는 힉의 영혼-만들기의 신정론은 오히려 미학적 만들기의 신정론이라고 특징짓는 것이 보다 적절하다고 필자는 본다. 영혼-만들기의 이야기는 어떤 도덕적 공리처럼 단숨에 주어질 수는 없으며 시간 속에서 순차적으로 펼쳐져 나가야 한다. 우리의 영혼은 자신의 개인적인 폐허의 끔찍한 기억들과 따뜻한 은총의 행복한 순간들을 함께 하나의 거대한 우주적 오디세이로서 짜내어 가는 것이다. 따라서 필자는 아우구스티누스의 미학적 신정론에 대한 힉의 비판적인 자세는 그 본질에 있어서 미학적 신정론 자체에 대한 반감이라기보다는 "천국과 지옥이라는 궁극적인 대조"에 대한 비판이라고 해석한다.[35] 여기서 힉의 영혼-만들기를 통한 보편적 구원론은 아우구스티누스의 사유를 어떤 방향으로 개정하는 것이 보다 우리에게 설득력을 가질 것인지에 대한 중요한 통찰을 제공하고 있다. 미학적 신정론은 단지 우주-만들기(cosmos-making)만이 아니라 "사람-만들기"(person-making)에도 관심을 두어야만 한다.[36] 이러한 인격적인 개인들에 대한 진지한 고려가 함께 동반된다고 한다면, 힉은 "축복받은 타락"(felix culpa)이라는 가장 역설적이면서도 가장 큰 영향력을 끼친 고전신

---

34) 아우구스티누스는 《신국론》 8.1.4에서 플라톤의 "윤리철학," "자연철학," "이성철학"에 대해 언급한다. 이에 대한 성염의 역주에 따르면, "철학의 삼분법(philosophia moralis, naturalis, rationalis)은 아카데미아 학파의 Xenocrates(396-314) 이래로 스토아 학파, 에피쿠루스학파, 소요학파에 그대로 전수되었다"(11.22). 아우구스티누스 / 성염 역주, 《신국론: 제1-10권》 (왜관: 분도출판사, 2004), 820 각주 25를 보라. 칸트 이후를 사는 현대인에게는 자연철학이 미학으로 보다 자연스럽게 이해될 수도 있다고 생각한다.

35) Hick, *Evil and the God of Love*, 169. 존 힉, 《신과 인간 그리고 악의 종교철학적 이해》, 186 참조.

36) Hick, *Evil and the God of Love*, 374. 존 힉, 《신과 인간 그리고 악의 종교철학적 이해》, 383 참조.

학의 미학적 원리도 "기독교 신정론의 모퉁이돌 중의 하나"로 수용하고 자신의 이레니우스적 신정론을 위해 재구성하여 사용한다.[37]

14. 도스토예프스키와 아돌프 폰 하르낙: 미학적 낙관주의를 거부하는 죄 없는 공포들

아우구스티누스의 미학적 신정론에 대한 내재적 비판이나 수정은 그의 병행주의적 자유 개념이 설득력이 없다거나 그의 신정론이 윤리적이기보다는 미학적이라고 주장하는 외적인 방식으로는 이루어질 수 없다. 안으로부터의 내적 수정을 위해서 필자는 아우구스티누스의 미학적 신정론이 지니고 있는 한 구체적인 한계에 집중하고자 한다. 그것은 바로 전체 우주의 아름다움이라는 그림자 속으로 감추어지는 죄 없는 공포들이다. 도스토예프스키, 하르낙, 발타자, 러브조이를 통해 죄 없는 부분들의 공포가 지니는 성격을 먼저 고찰한 후에, 필자는 아우구스티누스의 미학적 신정론의 논리를 따르더라도 지옥은 아름다울 수도 없으며 나아가 지옥은 존재할 수도 없다는 내재적 비판을 제공하고자 한다.

도스토예프스키(Fyodor Dostoevski)의 《카라마조프가의 형제들》은 죄 없는 아이들의 고통과 죽음이라는 부분이 전체의 조화라고 하는 우주적(宇宙的, global) 선에 의해서조차도 보상될 수는 없다는 심각한 휴머니즘의 저항적 정신을 보여주고 있다.[38] 서린이 지적하고 있듯이 소설

---

37) Hick, *Evil and the God of Love*, 176-177, 239, 287. 존 힉, 《신과 인간 그리고 악의 종교철학적 이해》, 192-193, 255, 300 참조.

38) "우주적" 구원과 "개인적" 구원의 차이에 대해서는 《아름다움과 악》 1권을 참조하라. 필자는 신정론에 대한 "우주적"(global) 구원, "개인적"(individual) 구원, 악의 "균형잡기"(balancing-off), 악의 "승리"(defeat)의 네 척도를 Adams, *Horrendous Evils and the Goodness of God*에서 차용하였다. 우주적 신정론이란 악의 극복이 그 범위에 있어서 우주 전체에서 일어난다는 관점이다. 개인적 신정론이란 악의 극복이 그 범위에 있어서 개개인의 삶 속에서 일어난다는 관점이다. 균형잡기는 악의 피해에 대해 동일

에 등장하는 이반의 도전은 무신론적 불신앙에 기초한 도전이 아니다. 이반은 하나님이 존재한다는 것을 거부한 것이 아니라 그런 하나님이 창조하신 세상을 수용하기를 거부한 것이다.[39] 죄 없는 아이들의 고난이 보다 높은 하모니를 성취하기 위해 도구적으로 사용되는 그런 하나님의 세계가 도스토예프스키의 심판대 위에 서게 된 것이다.

어머니가 개들에게 자기 자식을 던진 그 자를 친구로서 끌어 안고 이들 셋 모두가 눈물로 소리높혀 "오 주님, 당신은 정의로우십니다!"라고 외칠 때 지식의 왕관은 절정에 도달하게 되고 모든 것들이 명확하게 될 지도 모르겠다. 하지만 날 거기서 끄집어내는 건 내가 그러한 조화(調和, harmony)를 받아들일 수 없다는 것이다.···난 보다 높은 조화라는 생각 전체를 거절한다. 그러한 조화는 악취가 나는 헛간에 던져져서 자신의 자그마한 손으로 가슴을 내리치며 "자비로우신 하나님"에게 보상받지 못할 눈물로 기도하는 한 고문당하고 있는 아이의 눈물만큼은 가치가 없다. 그것은 그만한 가치가 없다. 그 아이의 눈물이 보상되지 않았기 때문이다. 보상이 없다면 조화도 없다. 하지만 어떻게? 당신은 어떻게 그런 보상을 가능하게 할 것인가? 그것은 도대체 가능한가? 보복을 해줌으로써? 하지만 보복에 대해 내가 관심을 가질 무슨 이유가 있는가? 범죄자들의 지옥에 대해 신경쓸 무슨 이유가 있는가? 이미 그 아이들은 혹독한 고문을 받았는데 지옥이 무슨 소용이 있단 말인가? 더군다나 지옥이 존재한다면 조화는 또 어떻게 되는가? 나도 용서하고 싶다. 나도 끌어안고 싶다. 하지만 난 더 이상의 고통을 원치 않는다. 만약 아이들의 고통이 진리를 위해 치루어져야 할 필요가 있을 만큼의 고통의 분량까지 부풀어 커져가야 한다면, 그런 진리는 그만한 가치가 없다고 난 항거한다.[40]

한 정도 혹은 그 이상의 처벌을 통해 공정한 정의를 이룩하는 악의 극복방식을 가리킨다. 마지막으로 악에 대한 승리는 악의 요소를 보다 큰 전체의 한 부분으로 미학적으로 흡수함으로써 악을 극복하는 방식을 가리킨다.

39) Surin, *Theology and the Problem of Evil*, 97.
40) Fyodor Dostoevski, *The Brothers Karamazov*, part 3, book 5, section 4, "Rebellion."

도스토예프스키는 종말에 가서 보다 높은 조화를 통해 악이 우주적으로 극복될 것을 부정하지도 않으며, 하나님의 섭리에 대한 우리의 무지가 왜 그러한 일들이 그렇게 일어나야만 했는지에 대한 "지식의 왕관"으로 대체될 가능성을 부정하지도 않는다. 그가 복수와 지옥의 정의를 부인하는 것도 아니다. 하지만 이 모든 것들이 한 명의 고문당한 아이의 눈물을 보상할 수 있을까? 물론 이것은 일종의 감정적인 항거나 반역일 수도 있지만 또한 그보다 깊은 논리적 통찰을 제공하는 듯 보인다. 도스토예프스키는 전통적 신정론들이 가지고 있는 몇몇 비일관성을 이성적으로 비판하고 있는 것이다. 어떻게 지옥이 있다면 보다 높은 조화가 가능한가? 지옥은 고통을 구속하기 보다는 오히려 증가시키는 것이지 않는가? 가장 중요하게는 어떻게 선한 하나님이 미래의 조화를 위해 죄 없는 어린 아이가 도구적인 "재료"로 이용되는 그런 세상을 창조할 수 있단 말인가?

> 만약 모두가 영원한 조화를 위해서 고통을 지불해야 한다면, 이것이 어린 아이들과 도대체 무슨 상관이 있는지 제발 나에게 말해 주겠니? 왜 그들도 고통당해야 하는지, 왜 그들도 조화를 위해 댓가를 지불해야 하는지 이해하는 건 내 능력 밖에 있어. 왜 그들이 미래의 조화를 위해서 땅을 비옥하게 하는 재료로서 이용되어야만 하는 걸까?[41]

카라마조프가의 이반과 알료샤 둘 모두 만약 자신들이 창조의 능력을 가졌다면 그러한 세상을 만들지는 않을 것이라고 동의한다. 이반은 비록 자신이 틀렸다고 하더라도 "인류에 대한 사랑" 때문에 그러한 영원한 조화를 수용할 수는 없다고 말한다. 지불해야 할 대가가 너무 크기 때문이다. 도스토예프스키는 대조적 조화에 기초한 아우구스티누스의 미학적 신정론을 그 근본에서 흔들고 있는 것이다.

도스토예프스키가 통찰력 있는 문학적 비판을 제공하고 있다면 하르

---

41) Ibid.

낙(Adolf von Harnack)은 보다 신학적인 비판을 전개한다. 하르낙은 아우구스티누스의 신플라톤주의적 우주론(宇宙論)과 그의 기독교 신학적 신론(神論)은 근본적으로 연결되어있다고 해석한다. 영혼의 상승이라는 우주에 대한 신플라톤주의적 미학 명상을 통해서 하나님의 변함 없이 영원한 존재에 도달하는 것으로 아우구스티누스는 생각하기 때문이다. 결과적으로 하나님이 아닌 존재들은 서로 이질적인 두 관점에서 보아지게 된다. "한편으로 피조물은 절대적으로 무상한 것으로, 따라서 존재하지 않는 것으로 여겨진다. 비존재가 있는 곳에는 진정한 존재란 있을 수 없기 때문에, 따라서 하나님(유일한 실체이신 하나님) 홀로 존재하는 것이다." 하나님의 영원한 존재에 비교할 때 우주는 거의 존재하지 않는 비존재와 마찬가지이다. 하르낙은 아우구스티누스가 "우주적 단성론(cosmic Monism)으로 전락할 위험성을 지닌 이러한 무(無)우주론적 범신론(acosmic Pantheism)"을 마음 깊숙이 진정으로 믿었다고 본다. 하르낙의 판단에 따르면 아우구스티누스는 후에 스피노자주의적 무우주론으로 알려진 이러한 생각을 결코 완전히 포기한 적이 없다.

다른 한편으로 아우구스티누스의 사유에는 피조물에 대한 보다 긍정적인 평가도 동시에 존재하고 있으며 하르낙은 이것을 아우구스티누스의 "미학적 낙관주의"(aesthetic optimism)라고 부른다.[42] 피조세계 전체는 선하고, 매우 선하게 아름답다는 것이다.

> 아우구스티누스는 질서 있는 예술작품으로서의 우주와 창조세계가 지니는 아름다움과 적합성을 인식하는 일에 결코 싫증내지 않았다. 거기서 단계들은 대조들만큼이나 경이로운 것이다. 아름다움의 개념 안에서 보아진 개인과 악은 거의 실종되었다. 아니, 하나님 자신이 영원한, 단일하고 새로운, 유일한 아름다움 자체이시다. 지옥과 죄인들의 저주조차도 악의 예정(ordinatio malorum)에 따라 예술작품의 필수불가결한 부분이 된다.[43]

---

42) Harnack, *History of Dogma*, 5:114-115.
43) Ibid., 5:114.

우주는 괄목할 만한 아름다움을 지니며 그 아름다움은 다양한 "단계들"과 "대조들"을 지닌 하나님의 예술작품으로서의 우주의 질서를 통해 드러난다. 지옥과 거기에 거주하는 존재들조차도 대조적 아름다움의 불가피한 요소들로서 요구되고 예정된다. 얼핏 보기에 서로 모순이 되는 이러한 창조세계에 대한 상이한 평가는 사실 서로가 서로를 지지하고 있다는 것을 보게 된다. 오직 아우구스티누스의 무우주론적 범신론이 전제될 때, 다시 말해서 우주의 본질적인 가치가 하나님의 영원한 존재와 아름다움에 비해 거의 비존재와 같다고 상대화될 때, 우리는 우주 안의 부분적이지만 실제적인 악의 존재에도 불구하고 일종의 미학적 낙관주의를 가질 수 있는 것이다. 세계의 비실재성에 대한 이러한 이해 없이는 우리의 세계가 하나님이 창조하실 수 있는 최고의 세계일 수는 없는 것이다. 오직 이처럼 아우구스티누스의 "미학적 낙관주의"와 "무우주론적 범신론"이 서로가 서로를 지지할 때에만 "아름다움의 개념 안에서 보아진 개인과 악은 거의 실종"될 수 있는 것이다.

15. 한스 우어스 폰 발타자:
   악의 도덕적 우연성과 미학적 필연성

발타자(Hans Urs von Balthsasar)는 아우구스티누스의 미학적 낙관주의에 대한 하르낙의 비판에 대부분 동의한다. 또한 그는 하르낙의 비판의 본질을 보다 분명하게 보여주기 위해서 여기에 추가적으로 몇몇 자신의 비판을 덧붙인다. 첫째로, 발타자는 아우구스티누스가 전체 창조세계의 아름다움이라고 여기는 것은 단지 우리의 세계를 통해서만 발견되지도, 혹은 "천상의 전체"에서만 발견되지도 않으며, "천상에서부터 보아지는 전체"일 때 발견된다고 지적한다. 아우구스티누스의 사유에서는 천박학 이원론이란 존재치 않는다. 따라서 하르낙이 아우구스티누스의 미학적 낙관주의라고 부른 것은 "하나님 섭리의 지고한 눈의 관점에서 보아진 창조세계의 총체성에 대한 명상"으로 이해되어야 한다.[44] 물론 이러한 총체성의 미학적 신정론은 그 전례가 없었던 것은 아니지만 아우구스티누스는 이를 보다 극단화시켰다고 발타자는 본다. "신체의 추함과 저속함, 물리적 악과 질병의 처벌 등등이 존재하는 이유를 정당화하기 위해 플로티누스와 오리게네스가 사용한 동일한 미학적 이미지들을 아우구스티누스는 도덕적 악과 순전한 정의의 영원한 형벌에 이르기까지 보다 확장시켰다."[45]

둘째로, 발타자에 따르면 미학적 신정론과 관련된 아우구스티누스의 진술들은 우주에 대한 현상학적이고 신학적인 기술로서의 "단순한" 진술들에서부터, 대조적 아름다움을 위해 악의 필연성에 대해 논증하려는 "극단적인" 진술들까지 다양한 스펙트럼을 형성한다. 발타자 자신의 요약에 따르면 첫번째 단순한 진술의 부류에 속하는 것들로는 다음과 같은 것들이 있다: "하나님의 흔들림이 없는 질서는 선과 악을 모두 포함한다"(*ord.* 1.6.16-1.7.17); "거짓말조차도 진리에 봉사해야 한다"(*ord.* 2.4.11-2.4.13); "하나님의 사랑과 그 질서의 '올바름'은 그 스스로 징벌하는 정의가 되는 것이 아니라, 인간 죄악의 결과 때문에 자신에게 충실하게 남기 위해서 그렇게 되는 것이다"(*ord.* 2.7.23); 그리고 "이러한 과정에서 신실한 인간들이 타락한 천사들에 의해 남겨진 공백을 채워야만 한다"(*lib. arb.* 3.12.35). 아우구스티누스의 극단적인 진술로 발타자는 다음과 같은 것들을 꼽는다: "아름다움은 그 반대를 요구하게 된다"(*ord.* 1.8.18; 2.6.13; *civ. Dei* 11.18); "조화로운 우주에서 어떤 단계도 생략되어져서는 안 된다"(*lib. arb.* 3.9.24-3.9.25); 그리고 "고결한 연설에서의 파격적 언행이 '매우 즐거운 양념'을 제공하듯이 세계 속의 어둠은 세계에 '맛을 낸다'"(*ord.* 2.6.13; *en. Ps.* 7.19; *ep.* 140.4).[46]

---

44) Balthasar, *Glory of the Lord*, 2:127.
45) Balthasar, *Glory of the Lord*, 2:128. Cf. lib. arb. 3.9.27.
46) Ibid., 128. 아쉽게도 발타자는 "단순한" 진술들과 "극단적인" 진술들을 분별하는 신학적 기준 혹은 비판적 척도가 무엇인지에 대해서는 상술하고 있지 않다.

마지막 셋째로, 발타자는 "죄와 그 결과가 지니는 윤리적 불필연성(ethical non-necessity)의 주장"과 "그것의 미학적 필연성(aesthetic necessity)" 사이에서 아우구스티누스가 머뭇거리며 미묘하게 왔다 갔다 하거나, 전자에서 후자로 점진적으로 미끌어져 내려간 것은 옳지 않다고 지적한다. 아우구스티누스는 자신의 미학적 신정론을 마치 "비극 위에 던져진 망토"처럼 세계에 던진다.[47] 그리고 성서에 기초한 것이 아니라 이러한 죄의 윤리적 불필연성으로부터 죄의 미학적 필연성에로의 미끄러짐에 기초한 아우구스티누스의 미학적 신정론은 이후 기독교 신학의 역사에 있어 칼빈과 얀세니우스 등을 포함해서 계속적으로 중대한 악영향을 끼쳤다. 따라서 발타자의 판단에 따르면,

> 아우구스티누스의 결론적인 미학적 신정론은 성서적 사유의 이중적 환원이라고 우리는 말할 수 있을 것이다. 첫째, 그것은 성서의 실존론적 진술들을 미학적이고 조직적인 용어들로 해석하기 때문이다. 둘째, 내재적 악이라도 초월적으로 고려될 때 선하게 된다는 이러한 해석이 철학에 의해 남겨진 틈을 다시 매우기 위해 이용되기 때문이다.[48]

오직 보다 깊은 성서적 신학만이 해결책을 제공할 수 있다고 발타자는 결론내린다. 이처럼 "아름다움의 개념 안에서 보아진 개인과 악은 거의 실종되었다"는 하르낙의 평가와 "아름다움은 그 반대를 요구하게 된다"는 진술은 "극단적"이라는 발타자의 평가는 아우구스티누스의 대조적 조화의 미학적 신정론에 대한 심각한 도전이 된다고 필자는 생각한다.

---

47) Ibid., 129.
48) Ibid., 128.

16. 아서 러브조이 : 풍부함의 미학 비판

어쩌면 미학적 신정론에 대한 가장 철저하고 상세한 비평가를 꼽으라면 러브조이(Arthur Lovejoy)가 될 것이다. "풍부함의 원리"을 "그 속에 모든 종류들의 생각할 수 있는 생명들이 빠짐없이 하나 하나 만들어진 형태들의 풍부함(plenum formarum)으로서의 우주"라고 정의내린 이도 바로 그이다. 이러한 풍부함의 미학 원리에서 많은 우주론적 주장들이 따라오게 된다: "존재의 진정한 가능성은 그 어떤 것도 실현되지 않은 채 남아있을 수 없다"; "창조세계의 범위가 풍부함은 존재의 가능성과 동일한 크기를 가져야 하며, '완전하고' 소진될 수 없는 원천의 생산력에 상응하여야 한다"; "세계가 더 많은 것들을 포함할 수록, 세계는 더 선한 것이다."[49] 요컨대 풍부함의 원리는 모든 가능한 생각의 형태들이 그것들의 내재적인 가치의 좋고 나쁨에 상관없이 구체적인 사건들 혹은 사물들로 실현되어야 한다는 것이다. 왜냐하면 그러한 실현 혹은 현실화 자체가 풍부함의 원리가 지향하는 최고의 선이기 때문이다. 이 원리의 본질은 "어떤 사물의 존재에 대한 바람직함(desirability of a thing's existence)의 여부가 그것의 내재적 탁월성(its excellence)과는 아무 관계가 없다"는 주장에 놓여 있다.[50] 가장 고차원적인 것들에서 가장 저등한 것들에까지 모든 상상할 수 있는 형태의 존재들의 현실화라는 생각이 미학적 신정론 특히 18세기의 통상적인 미학적 낙관주의에 형이상학적 기초를 제공하였다고 러브조이는 분석한다.

그 모든 종류와 수에 있어서 존재의 다양성(多樣性, diversity)의 가치 그 자체가 바로 창조자의 선하심(善性, goodness)을 의미한다고 믿는 것은 사실 "급격한 가치전도적인 전복"이라고 러브조이는 평가한다. 선하신 하나님에게 있어서 세계가 더 많은 것들을 포함할 수록 그 세계

---

49) Lovejoy, *Great Chain of Being*, 52.
50) Ibid., 222.

는 더 선하다는 것이 사실일 수는 없다. 왜냐하면 궁극적으로 중요한 것은 피조물들이 겪게 되는 삶의 질의 문제이기 때문이다. 따라서 하나님의 "선하심"이 주로 "유한한 존재들의 충만함과 다양함에 대한 즐거움"을 의미해서는 안 되며, 보다 전통적으로 이해되어 왔던 하나님 자신의 유한한 피조물에 대한 자비로운 돌보심으로 보아야 한다. 이러한 보다 통상적인 의미의 선하심이 포기될 때 기독교의 하나님은 모든 형이상학적, 도덕적, 물리적 악의 궁극적인 보존자로서의 하나님, 즉 "현상 유지의 하나님"(the God of Things as They Are)으로 전락하게 된다. 이런 측면에서 러브조이는 아우구스티누스의 하나님도 18세기 신정론자 윌리엄 킹(William King)의 하나님과 크게 다르지 않다고 평가한다. "《악의 기원》(*De origine mali*)의 하나님은 자신의 피조물들의 평화와 일치보다도, 피조물들이 고통으로부터 해방되는 것을 원하는 것보다도, 삶의 다양성과 풍부함을 더 사랑하였다."[51] 하르낙의 경우에서와 마찬가지로 러브조이가 풍부함의 미학에서 궁극적으로 불만스럽게 여기는 것은 그것이 하나님의 선하심을 "우주 전체의 체계로서의 완벽함"으로 이해하고 있으며, "그 체계 속의 유한한 부분들의 행복이나 뛰어남"은 무시하고 있다는 사실이다.[52] 이와 같은 맥락에서 보너(Gerald Bonner)도 다음과 같은 비판적 입장을 드러내고 있다. "그러나 기독교 종교의 하나님은 우선적으로 위대한 예술가로서의 하나님이 아니라 사랑의 하나님이다. 그리고 '장기적 관점'(long-term view)의 논쟁이 비록 피조물 전체에서 악을 제거할지는 모르나 개별적 피조물에게서 악을 제거하지는 못한다."[53] 마일즈(Margaret R. Miles)도 이러한 아름다움은 결코 순수하지 않다고 본다. 죄없는 희생자들의 "고통과 가난을 보고도 거대하고 완벽한 아름다움이라는 그림 전체의 한 부분으로만 그것을 여기는 사람은 억압적인 상황을 고쳐나갈 어떠한 필요성도 없다고 보는 것이다."[54] 도

---

51) Ibid., 221-222; 아우구스티누스에 대해서는 같은 책 67을 참조하라.
52) Ibid., 211.
53) Bonner, *St. Augustine of Hippo*, 207.

스토예프스키, 하르낙, 발타자, 러브조이, 힉, 보너, 마일즈, 그리고 다른 비평가들 모두는 우리로 하여금 아름다운 전체의 그늘에 가리워진 죄 없는 부분들의 공포를 보도록 호소한다. 사랑이 넘치는 하나님의 눈이나 천상에 머물고 있는 성자들의 눈에도 영원한 지옥은 결코 아름답지 않을 것이다.

17. 아름다울 수 없는 지옥

아우구스티누스의 미학적 신정론에 대한 필자의 내재적 비판과 수정은 크게 두 가지 도전으로 이루어진다: 죄인의 정체와 비례적 정의. 우리가 이러한 두 가지 생각들을 "아우구스티누스의 우주 안에서" 그 논리에 순응하며 다루지 않는다면 아우구스티누스의 미학적 신정론 일부를 이루고 있는 지옥의 아름다움에 대한 우리의 제한적인 비판도 또한 다른 자유의지 신정론 비판들이나 미학적 신정론 전반에 대한 비판들에서와 마찬가지로 철저한 아우구스티누스주의자들에게는 외재적인, 따라서 상관없는 논의로 여겨질 것이다. 죄인의 정체의 문제는 부정적으로 왜 아우구스티누스가 모든 종류의 악들을 자발적인 죄로 완전히 환원할 수는 없는지를 보여주게 될 것이다. 비례적 정의의 문제는 긍정적으로 왜 영원한 지옥이란 존재할 수 없는지를 논증하게 될 것이다.

아우구스티누스의 미학적 신정론은 대조적 조화 혹은 총체성으로서의 아름다움이라는 생각에 기초하고 있다. 우리가 《아름다움과 악》 1권에서 제시한 구원의 범위(範圍)에 대한 첫 번째 쌍의 신정론의 척도들 곧 우주적(global) 혹은 개인적(individual) 구원에 따르면, 그의 신정론은 하나님이 모든 인간 개인들을 구원함 없이도 지구적이고 우주적으로 악을 극복하신다는 일종의 우주적 신정론에 해당한다. 이 부분에서 필자

---

54) Miles, *Reading for Life*, 18. 마일즈는 여기에서 플로티누스와 릴케가 이런 태도를 가진다고 언급한다.

의 목표는 아우구스티누스 자신의 내적 논리를 따라서 그것을 하나님이 모든 인간 개인들을 구원하심을 통해서 지구적이고 우주적으로 악을 극복하신다는 우주적-개인적인 신정론으로 수정하는 것이다. 물론 아우구스티누스의 순수하게 우주적인 신정론도 만약 신학적으로 인간중심주의가 철저히 극복된다면 또한 나름의 설득력과 이해 가능성을 가진다고 필자는 인정한다. 하지만 기독교 종교가 어느 정도의 인간중심주의적 관점 혹은 가치에서 완전히 자유로울 수는 없을 것이라고 필자는 생각한다. 따라서 지옥의 아름다움이 기독교적 가치의 급격한 전복일 뿐이라는 여러 비평가들의 항거를 고려할 때 아우구스티누스 자신의 사유 속에서 어떤 우주적-개인적 신정론을 수정적으로 재구성하는 것이 상당히 유용할 수 있다고 생각한다. 이러한 수정의 과제는 두 번째 쌍의 신정론의 척도 곧 악을 극복하는 방식(方式)으로서의 균형잡기(balancing-off)와 승리(defeat)의 문제로 우리를 데려간다. 아우구스티누스의 보복적 정의의 사상은 그로 하여금 악에 대한 균형잡기의 극복 방식을 인간 개개인에게 적용하게 하는 반면에, 우주 전체에 있어서의 악의 극복에서는 미학적 승리의 방식을 택하도록 한다. 하지만 필자는 각각의 개별적인 인간의 삶 속에서도 단지 악의 균형잡기만이 아니라 악의 승리까지도 주어질 수 있다면 아우구스티누스의 미학적 신정론이 보다 큰 설득력을 가지게 될 것이라고 생각한다.

필자의 첫번째 도전은 아우구스티누스가 과연 죄인의 정체에 대한 자신의 분석을 완료하였는가 하는 것이다. 우리가 앞에서 살펴보았듯 그는 모든 악을 자발적인 죄에 환원시킨다. 이른바 자연적 악이란 존재하지 않는다(*Gn. adv. Man.* 2.29.43). 죽음, 유한성, 사유의 무지 등과 같은 형이상학적 악도 이미 선재하던 영혼의 이전의 자발적 범죄에 의한 징벌의 상태를 가리킬 뿐이다(*mus.* 6.11.30; *lib. arb.* 3.9.28; 3.18.51-52). 모든 악은 자발적인 죄이며 그것은 신성한 우주적 질서 안에서 공정하고 정의롭게 심판받는다(*lib. arb.* 1.1.1). 하나님은 죄인들의 심판, 의인들의 입증, 축복받은 자들의 완성을 통해서 정의롭고 아름다운 우주적 질서를 항상 유지하신다. 따라서 "영혼들은 그 자신의 죄에 대한 징벌을 받을 뿐이며"(*lib. arb.* 3.22.66) 하나님의 정의는 비난받을 수 없는 공평한 것이다. 왜냐하면 그 개념적 정의에 있어 "정의는 각자에게 자신의 몫을 주는 것이기 때문이다"(*Gn. adv. Man.* 2.27.41; cf. Cicero, *De officiis* 1.15). 우주의 이러한 질서는 "단 한 순간도" 훼손되거나 교란되어서는 안 된다(*lib. arb.* 3.15.44). 바로 이 때문에 지옥의 정화의 불과 영원한 심판 또한 논리적으로 요구되는 것이다.

하지만 이러한 얼핏 분명해 보이는 키케로주의적(Ciceronian) 정의 개념, 곧 죄와 징벌은 그 무게에 있어 동등해야 한다는 정의 개념이 몇 몇 한계 상황들에 있어서는 적용되기 어렵다는 것을 보게 된다. 이미 앞에서 우리가 언급하였듯이 유아들의 육체적 고통과 죽음의 경우에 있어 아우구스티누스는 비례적 정의 개념보다는 "부모들의 훈계"와 사후의 "보상"을 강조하는 것을 보게 된다(*lib. arb.* 3.23.68). 이러한 예는 아우구스티누스의 악에 대한 의지적 자발주의(自發主義, voluntarism)를 엄격한 의미에서는 위반하는 것이다. 이러한 유아들의 경우조차도 어떤 영혼의 선재설에 의해 설명되어야 했다. 그럼에도 아우구스티누스는 영혼의 선재에 대한 네 가설들 중에서 어느 하나를 기독교적 설명으로 선택하기를 거부한다(*lib. arb.* 3.20.56-3.21.59). 모든 영혼들이 최초의 인간의 "하나의 영혼" 안에서 모두 함께 범죄한 것인가? 혹은 영혼들은 최초의 영혼의 죄에 대해 집단적으로 책임을 져야하는 것인가? 개별적 영혼의 기원에 대한 아우구스티누스의 보다 명확한 입장 설명이 없이는 그의 신정론은 여전히 여러 비판의 가능성들에 대해 열려진채 남게 된다. 아우구스티누스의 가장 끈질긴 비평가이면서 동시에 펠라기우스주의자였던 에클라눔의 줄리안(Julian of Eclanum)은 어린 아이의 원죄론에 반대하여 한 사람의 죄는 그 한 사람에게 끝나야 하며 아담의 죄를 어린 아이도 물려받는다는 아우구스티누스의 주장은 "마치 악마가 인간의 조성자인 것처럼 주장하는 것이나 다름없다"고 항변한다.[55] 아우구스티누스는 "사법적 범주(자발적이어서 처벌가능한 범죄)와 생물학적 범주

(출생에 의한 인간 종의 단일성)"를 결합시키는 일관성이 결여된 원죄설을 주장한다고 리쾨르는 비판한다.[56] 그에 따르면 아우구스티누스는 한편으로 세계의 물질적인 세계성 그 자체를 악으로 보는 영지주의와 마니교에 대항하여 "악은 존재(being)가 아니라 행위(doing)이다"는 윤리적이고 사법적인 견해를 발전시킨다. 하지만 다른 한편으로 로마서 5장 12절과 5장 19절의 "한 사람을 통하여"(δι ενος ανθρωπον, per unum)를 문자적으로 아담 한 사람을 통해서 죄가 들어온 것이 아니라 "아담과 같이" 인간 개개인이 매번 스스로 죄를 짓게 된다는 것으로 해석하는 펠라기우스에 대항하여, 아우구스티누스는 "아담 안에서" 인간 모두가 이미 죄를 지었다는 유전적이고 생물학적인 원죄설을 또한 동시에 제시한다. 리쾨르 자신은 아우구스티누스의 원죄설보다는 펠라기우스의 견해가 백번 더 옳다고 주장한다.[57] 아우구스티누스의 사법적이고 생물학적인 두 차원의 죄에 대한 이해는 사실 긴장 관계에 있으며, 선재하는 영혼의 정확한 존재론적 상태를 밝히지 않는 한 이러한 긴장은 해소되지 않을 것이다. 하지만 아쉽게도 번즈가 지적하듯이 "아우구스티누스는 개별적 영혼의 기원이라는 풀 수 없는 난제를 무시하기 시작하였고, 대신 단순히 아담의 후손들 각각은 아담의 교만의 원죄로 인한 상태의 상속자들로 태어났다고만 주장하게 된다."[58] 선재하던 영혼으로서의 죄인의 정체에 대해 더 이상 논의하지 않고 무시한 아우구스티누스의 이러한 경직된 침묵은 비록 지옥의 아름다움에 대한 결정적 논박으로는 부족할 지 모르나 그것에 대한 의심의 이유는 충분히 될 수 있을 것이다.

우리는 이제까지 아우구스티누스가 왜 하나님의 아름다운 우주에 지

---

55) *Opus imperfectum contra julianum*, 67. Brown, *Augustine of Hippo*, 387과 이석우, 《아우구스티누스》, 251에 재인용되고 있다.
56) Paul Ricoeur, "'Original Sin': A Study in Meaning," *Conflict of Interpretations*, 280. 원죄의 사법적 이해에 대한 비판으로는 Friedrich Schleiermacher, *Christian Faith*, 300-301을 참조하라.
57) Ricoeur, "Original Sin," 273, 277-278, 281.
58) Burns, "Variations on a dualistic theme," 22.

옥이 존재할 수 밖에 없다고 생각했는지 이유들을 살펴보았고, 그 핵심에 키케로주의적인 비례적 정의(比例的 正義, proportionate justice) 개념이 놓여있다고 제안하였다. 그런데 동전의 양면처럼 순전히 부정적으로 역할하는듯 보이는 이러한 비례적 정의 개념이 오히려 필자의 두번째 도전, 즉 아우구스티누스의 신학적 우주에서도 지옥은 존재할 수 없다는 도전에 뜻하지 않은 원군이 되어준다. 왜 그런지를 설명하기 위해 필자는 안셀름의 신정론에 대한 브라운(Frank Burch Brown)의 해체적이며 동시에 재구성적인 독서법의 모범을 따르고자 한다.[59] 브라운은 안셀름의 미학적 비례의 원칙을 포기하지 않고 오히려 그것을 철저히 따름으로써 안셀름의 신정론을 내재적 비판을 통해서 새롭게 소생시키고 있다. 필자는 그러한 브라운의 분석을 아우구스티누스의 사유를 왜곡하지 않는 한도 내에서 아우구스티누스의 신정론에 적용코자 한다. 그 결과로 도출되리라 보는 필자의 잠정적 가설은 아우구스티누스의 비례적 징벌의 원칙은 영원한 지옥의 형벌과는 양립될 수 없으며, 연옥의 정화의 과정과는 양립될 수 있는 가능성이 있다는 것이다. 아우구스티누스의 사유 체계 내에서 이러한 주장이 타당성을 가지는 근거는 다음과 같은 추론을 통해서 제시될 수 있다.

(1) 죄로 인해 실제로 피해를 당하는 이는 하나님일 수 없으며 죄인 그 자신이나 혹은 다른 피조물들이다. 하나님은 그 존재와 지식에 있어 절대적으로 변하지 않는 영원한 불가변적 존재라는 것을 아우구스티누스는 자신의 고전주의적 신관을 통해 분명히 하고 있기 때문이다(*Gn. adv. Man.* 1.8.13-1.8.14; *conf.* 7.10.16). 죄인의 사악한 범죄들조차도 하나님을 놀라게 할 수는 없으며, "모든 미래를 선지하지 못하는 존재는 분명 하나님이 아니다"(*civ. Dei*. 5.9). 결론적으로 오직 피조된 존재만이 그 상태가 변할 수 있으며 따라서 죄로 인해 피해를 당할 수 있다. (2) 영원한 하나님의 존재와 비교할 때 그 어떤 피조된 존재도 무한한 가치

---

59) Brown, "The Beauty of Hell," 329-356.

를 지니지는 못한다. 아우구스티누스의 무우주론적 범신론에 대한 하르낙의 비판을 기억해 보라. 그렇다면 유한한 가치를 지닌 피조된 존재에 가해진 피해는 어떤 방식으로든 어떤 강도로든 혹은 어떤 기간으로든 항상 논리적으로 유한할 수 밖에 없다. 또한 거기에 비례하는 징벌도 모든 측면에서 고려하더라도 유한하여야만 정의로운 것이다. 왜냐하면 "정의는 각자에게 자신의 몫을 주는 것이기 때문이다"(*Gn. adv. Man.* 2. 27.41). 따라서 만약 어떤 죄에 대한 징벌이 무한하게 연장된다면, 그것은 과도한 징벌로서 비례적 정의를 벗어날 뿐 아니라 하나님이 보시기에 우주의 질서를 깨뜨리는 참을 수 없이 추한 것임에 분명하다. (3) 결과적으로 죄와 벌의 공정한 비례의 원칙에 기초한 아우구스티누스의 정의 개념 그 자체가 영원한 형벌의 장소로서 지옥이 존재할 수 없다는 결론을 가져오게 된다. 시간 안에서 저질러진 그 어떠한 유한한 죄도 그 비례적 균형에 있어 지옥에서의 영원한 징벌에 상응할 수는 없기 때문이다. 아우구스티누스가 《고백록》에서 우아하게 표현하고 있듯이 시간은 결코 영원과 같이 경쟁할 수는 없다. "우리 마음이 영원과 시간의 흐름을 비교하려 들지만…어떠한 비교도 불가능하다는 것을 보게 될 것이다.…영원 안에서는 아무 것도 스쳐 지나가지 않고 항상 전체가 현존하지만, 어떠한 시간에서도 항상 전체가 현존하지는 않는다"(*conf.* 11.11. 13). 아우구스티누스 자신도 이러한 이유들에서 영원한 지옥이 존재할 수 없다는 결론을 받아들일 것이라고 필자는 생각한다.[60]

---

60) 흥미롭게도 아담스(Marilyn Adams)는 아우구스티누스를 해석하면서 지옥이 불가능하다는 동일한 결론에 도달하게 되지만, 브라운이나 필자와는 반대의 이유에서 즉 비례의 불가능성(impossibility of proportion)이라는 이유에서 그러하다고 주장한다. 그녀에 따르면 "인간의 행위 능력과 그 때문에 초래되는 끔직한 악들 사이의 필연적인 불균형성 혹은 불비례성(necessary disproportion)은 인간이 그들이 일으킨 사건들에 대해 온전히 책임을 지는 것을 원천적으로 불가능하게 만든다"(*Horrendous Evils*, 38). 달리 말해, 예를 들어 히틀러가 자신의 행위와 거기에서 발생하는 연쇄반응으로 일으킬 수 있는 엄청난 고통의 양과 히틀러 자신이 거기에 대해 책임을 질 수 있는 능력 사이에는 커다란 틈 혹은 차이가 존재한다는 것이다. 나아가 아담스는 선한 하

우리는 아우구스티누스의 사유와 논리를 그대로 따르더라도 악을 극복하는 한 방법으로서의 죄와 벌 사이의 하나님의 정의로운 "균형잡기"가 그가 제시하는 것처럼 천국과 지옥이라는 인류의 영원한 이중적 운명뿐만 아니라 일종의 보편적 구원설과도 병립될 수 있는 가능성을 보았다. 그리고 필자가 또한 그러한 것처럼 만약 지옥의 영원성에 대해 신학적으로 설득력있게 사유할 수 없다면, 어쩌면 우리는 오리게네스와 힉이 제안했듯이 여러 세계들을 거쳐서라도 모든 존재들이 하나님에게로 궁극에는 돌아올 것이라는 구원의 보편주의를 보다 정교한 신학적 상상력으로 사유해야할 필요가 있을 것이다. 오리게네스에 따르면 "하나님의 선하심이 그리스도를 통해서 그의 모든 피조물을 한 목표를 향해 회복시킬 것이며 그의 대적자들조차 정복하고 순종하게 만들 것이라고 우리는 믿는다."[61] 하지만 천국과 지옥이라는 아우구스티누스의 궁극적 대조를 거부하는 이러한 방향의 선회가 또한 아우구스티누스의 "대조적" 조화의 미학적 신정론 자체를 포기해야 한다는 것을 의미하는 것일까? 아우구스티누스는 부분들의 대조적 효과에 기인하지 않는 또 다른 방식의 우주적 아름다움이라는 개념을 발전시킬 수도 있었던 것처럼 보인다. 그가 매우 익숙히 알고 있었던 플로티누스의 글들에서도 이미 "부분들의 다른 부분들에 대한 그리고 전체에 대한 대칭적 균형"으로서의 아름다움이라고 하는 스토아학파의 균형미에 대한 언급뿐 아니라, 빛의 발광에서처럼 부분들을 지니지 않는 보다 단순하면서도 단성론적인 아름다움 혹은 "지성-원칙 속의, 본질적으로 고독한 것 속의 아름다움"에 대한 언급도 또한 발견된다(《에네아데스》, 1.6.1). 우리는 아우구스티누스가 이러한 보다 단성론적인 단순미를 신정론의 신학적 담론에서 어떻게 활용할 수 있었을지 추측할 수는 없다. 하지만 우리가 알고 있는 사실은 아

나님이 지옥의 영원한 형벌을 가함으로써 고통의 양을 오히려 더욱 증가시킬 것이라는 생각에 대해서 매우 비판적이다(ibid., 41). 아우구스티누스 자신이 만약 그녀의 도전을 직면한다면 이를 수용할지의 여부가 사뭇 궁금하다.

61) Origen, *On First Principles* (Glouchester, Mass.: Peter Smith, 1973), 52 (1.6.1).

우구스티누스가 단지 외적인 우주의 요소들과 관련해서뿐만 아니라 구속받은 영혼들의 "자신의 참혹한 과거"에 대한 내적(內的) 혹은 내향적(內向的) 지식과 관련해서도 대조적 조화의 원칙을 적용시켰다는 것이다. 만약 아름다움이 본질적으로 대조를 요구한다면, 영혼의 이러한 자신의 죄악된 과거에 대한 지성적 지식이나 내향적 기억만으로도 "저주받은 자들의 영원한 불행"이라는 외적(外的) 대조점 없이 충분히 아름다움을 구성할 수 있을 것이다(civ. Dei 22.30). 성자들의 하나님 안에서의 영원한 쉼과 명상이 이러한 "하나님의 창조 위에 남은 얼룩"으로 도움을 받기 보다는 고통스럽게 방해받을 것이 거의 확실해 보인다.[62] 또한 하나님의 아름다운 이성(pulchritudo rationis)과 아름다운 정의(pulchritudo justa)가 이러한 영원한 좌절을 결코 내버려두지는 않을 것이다. 내재적으로 수정된 아구스티누스의 미학적 신정론은 우주 전체에서뿐만 아니라 각각의 개인들의 삶 속에서도 악의 균형잡기와 악의 승리가 가능하다는 것과, 또한 그러한 것들 자체가 악에 대한 궁극적인 우주적 승리와 동일하다는 것을 보여준다. "그것만이 진정 모든 안식일 중에서 가장 위대한 안식일, 어둠의 저녁을 가지지 않는 안식일, 태초부터 주님께서 합당하다고 인정하신 안식일이 될 것이다"(civ. Dei 22.30).

18. 사적(私的) 에필로그

아름다움이 혹시 악을 극복할 수 있지 않을까 하는 화두를 가지고 아우구스티누스의 논리를 여기까지 끌고와 보았다. 이렇게 내재적으로 수정된 아우구스티누스의 미학적 신정론이 진정 악의 문제를 해결하기에 충분한 것일까? 수정된 아우구스티누스의 조화의 신정론은 보다 일관성이 있는 악에 대한 해명을 제공하고 있는 듯하다. 어쩌면 하나님께

---

62) Hick, *Evil and the God of Love*, 89. 존 힉, 《신과 인간 그리고 악의 종교철학적 이해》, 102 참조.

서는 아름다운 우주-만들기(cosmos-making) 과정을 위해 악을 허락해야만 했던 도덕적이고 미학적인 충분한 이유들을 가졌을 지도 모른다. 그러한 이유들 중의 하나가 선악의 대조적 조화를 통해 생겨나오는 아름다운 우주적 풍경이라고 추측할 수도 있을 것이다. 더군다나 그의 수정된 신정론은 구원의 방법과 범위를 보다 설득력 있게 설명할 수 있다. 구원의 방법에 있어서 하나님은 악을 징벌로서 균형잡을 뿐 아니라, 우주의 대조적 조화 속에 통합시킴으로써 악에 대한 미학적 승리를 획득한다. 또한 구원의 범위에 있어서 하나님은 우주 전체만을 구원하시는 것이 아니라, 그 속의 개개인 모두도 보편적으로 구원하심으로써 우주 전체를 구원하신다. 수정된 미학적 신정론은 나름의 충분한 설득력을 지닌다고 생각된다.

    하지만 필자는 여전히 아우구스티누스의 형이상학적 신학의 풍경 속에 온전히 거주하기를 머뭇거린다. 아우구스티누스의 수정된 미학적 신정론이 모든 개개인의 보편적 구원의 확실성을 제공함에도 불구하고, 그러한 확실성이 나의 시간 안에서의 삶의 의미에 대한 충분한 대답을 제공한다기 보다는 오히려 그것을 사소하게 만들어버리는 듯한 느낌이 든다. 어쩌면 필자는 이러한 면에서 아우구스티누스의 무우주론적 존재론과 범신론적 신론이 근본적으로 연결되어 있다는 하르낙의 의심을 공유하고 있는지도 모르겠다. 하나님만 존재하고 나는 없는 듯하다. 아우구스티누스는 인간뿐 아니라 우주 전체를 단지 스쳐지나가는 우연성으로, 아니 거의 존재하지 않는 비존재로 만드는데 반해 하나님만이 영원한 불변성 속에서 진정 존재한다고 본다. 그리고 그런 하나님은 변화하지도 않으며 나와 함께 고통받지도 않으며 나의 고통을 슬퍼할 수도 없다. 아마 나와 우주도 스쳐간 후에는 기억하시지 않을 것이다. 아니 이미 태초부터 하나님의 기억 속에 벽의 그림처럼 걸려 있을 것이다. 변하면 하나님이 아니기 때문이다. 이처럼 하나님의 변화불가능성에 또 다른 형이상학적 전제인 하나님의 선지성을 포함한 전지성이 결합될 때, 난 내 삶의 의미를 송두리째 잃어버린 듯하다. 난 단지 태초부터 하나님의 마음 안에 존재하던 가능성들 중 하나로서의 내 삶의 가능성을 현실화시키는 과정에 불과해진다. 난 구경꾼 아니면 단순 노동자가 된다. 우주 안에서 점 하나도 이오타(iota) 하나도 내가 내 삶에서 한 어떤 일 그 자체 때문에 변화되지는 않을 것이다. 이러한 구경꾼으로서의 내 삶에 어떤 의미를 부여할 수 있을지 난 초조하게 길을 잃은 듯하다. 하나님만 있고 난 존재하지 않는 듯하다. 그러면서도 난 하나님 존재의 신비적 부분이 아니라 하나님 존재의 형이상학적 구경꾼이다. 그래서 난 어떻게 피조된 존재들의 삶이 하나님의 삶에 긍정적인 공헌을 할 수 있는지를 고전적 유신론은 결코 성공적으로 설명하지 못했다는 하트숀(Charles Hartshorne)의 의견에 동의한다.[63] 하나님의 전지성이 반드시 미래에 대한 선지성일 필요는 없다는 그리핀의 지적도 한 번 생각해 볼 여지를 남기는 입장이다. 어쩌면 우리는 미래에 대한 선지성을 하나님의 결정적인 초월적 속성으로 과도하게 신학화한 것은 아닐까? 정말 "모든 미래를 선지하지 못하는 존재는 분명 하나님이 아니다"(civ. Dei 5.9)라고 확언할 수 있을까? 죄와 벌의 계산법에 의해 조금도 동요 없이 일하시는 하나님을 난 사랑할 수 있을까? 과연 이런 하나님이 역사의 십자가 위에서 아름답게 빛나던 청년 예수를 통해 계시된 기독교의 하나님일까? 모르겠다. 하나님의 아름다움은 변하지 않는 수학적 아름다움이 아니라 내 존재의 작은 상처 하나에도 마음이 건들여지고 부서지는 한없는 공감의 아름다움이어야만 할 것 같다. 나와 같이 울어주는 하나님을 난 원한다. 내가 무언가 보탤 수 있는 하나님을 난 원한다. 내가 외로운 것처럼 하나님도 외롭기 때문에 날 만드신 것이 아닐까? 내가 경험한 하나님의 아름다움은 어떤 것일까? 시간의 악과 비극을 복수 없이 극복하시는 하나님, 변하지 않는 천상의 수학적 공식으로서의 아름다움이 아니라 역사의 아침마다 거의 무한하게 변화하고 누구보다도 깨어지기 쉬운 생명과

---

63) Charles Hartshorne, *Reality as Social Process: Studies in Metaphysics and Religion* (New York: Hafner Publishing Company, 1971), 202. 원래 이 책은 1953년 출판되었다가 1971년 개정판으로 다시 출판되었다.

사랑의 아름다움이어야만 할 것 같다. 이런 하나님만이 우리를 용서하고 타자에 대한 자비로운 책임에로 소환할 것 같다. 물론 이런 하나님을 고전적 유신론 속에서 발견한 이들도 있을 것이다. 하지만 난 아직 그렇지 못하다. 그렇기 때문에 아우구스티누스의 선악의 풍경에서 떠나서 조금은 다른 형이상학적 세계도 또한 살아보고 싶다. 신학은 날 구원하지 못한다. 그렇기 때문에 틀려도 된다. 모험의 이유가 여기에 있다. 구원은 하나님의 몫이기 때문이다.

참고 문헌

미학대계간행회 편찬.《미학의 역사》. 서울: 서울대학교출판부, 2007.
브라운 / 차종순 옮김.《어거스틴: 생애와 사상》. 서울: 대한예수교장로회총회출판국, 1992.
빌라데서 / 손호현 옮김.《신학적 미학: 상상력, 아름다움, 그리고 예술 속의 하나님》. 서울: 한국신학연구소, 2001.
아우구스티누스 / 성염 역주.《자유의지론》. 왜관: 분도출판사, 1998.
아우구스티누스 / 성염 역주.《신국론: 제1-10권》. 왜관: 분도출판사, 2004.
이석우.《아우구스티누스》. 서울: 민음사, 1995.
타타르키비츠 / 손효주 옮김.《미학사 1: 고대미학》. 서울: 미술문화, 2005.
타타르키비츠 / 손효주 옮김.《미학사 2: 중세미학》. 서울: 미술문화, 2006.
힉 / 김장생 옮김.《신과 인간 그리고 악의 종교철학적 이해: 아우구스티누스에서 플란팅가까지 신정론의 역사》. 파주: 열린책들, 2007.

Adams, Marilyn McCord. *Horrendous Evils and the Goodness of God*. Ithaca and London: Cornell University Press, 1999.
Aquinas, Thomas. *Summa Contra Gentiles, Book Three: Providence, Part I*. Trans. Vernon J. Bourke. London: University of Notre Dame Press, 1975.
Augustine. *Against the Academicians and The Teacher*. Trans. Peter King. Indianapolis and Cambridge: Hackett Publishing Company, 1995.
_____. *Confessions*. Trans. Henry Chadwick. Oxford and New York: Oxford University Press, 1991.
_____. *Saint Augustine on Genesis: Two Books on Genesis against the Manichees and On The Literal Interpretation of Genesis: An Unfinished Book*. In *The Fathers of the Church*, vol. 84. Trans. Roland J. Teske. Washington, D.C.: The Catholic University of America Press, 1991.

_____. *The Trinity*. Trans. Edmund Hill. *The Works of Saint Augustine: A Translation for the 21st Century*. Brooklyn, New York: New City Press, 1991.

_____. *Eighty-Three Different Questions*. In *The Fathers of the Church*, vol. 70. Trans. David L. Mosher. Washington, D.C.: The Catholic University of America Press, 1977.

_____. *Concerning the City of God against the Pagans*. Trans. Henry Bettenson. New York: Penguin Books, 1972.

_____. *The Retractations*. In *The Fathers of the Church*, vol. 60. Trans. M. I. Bogan. Washington, DC: The Catholic University of America Press, 1968.

_____. *Concerning the Nature of Good, Against the Manichaeans*. In *A Select Library of the Nicene and Post-Nicene Fathers of the Christian Church*, first series: vol. 4. Trans. Richard Stothert. Grand Rapids: William B. Eerdmans, 1956.

_____. *Expositions on the Book of Psalms*. In *A Select Library of the Nicene and Post-Nicene Fathers of the Christian Church*, first series: vol. 8. Ed. A. Cleveland Coxe. Grand Rapids: William B. Eerdmans, 1956.

_____. *Letters of St. Augustin*. In *A Select Library of the Nicene and Post-Nicene Fathers of the Christian Church*, first series: vol. 1. Trans. J. G. Cunningham. Grand Rapids: William B. Eerdmans, 1956.

_____. *Reply to Faustus the Manichaean*. In *A Select Library of the Nicene and Post-Nicene Fathers of the Christian Church*, first series: vol. 4. Ed. Philip Schaff and trans. Richard Stothert. Grand Rapids: William B. Eerdmans, 1956.

_____. *On the Morals of the Catholic Church and On the Morals of the Manichaeans*. In *A Select Library of the Nicene and Post-Nicene Fathers of the Christian Church*, first series: vol. 4. Trans. Richard Stothert. Grand Rapids: William B. Eerdmans, 1956.

_____. *The Enchiridion: Addressed to Laurentius; Being a Treatise on Faith, Hope and Love*. In *A Select Library of the Nicene and Post-Nicene*

Fathers of the Christian Church, first series: vol. 3. Trans. J. F. Shaw. Grand Rapids: William B. Eerdmans, 1956.

_____. *Of True Religion. In Augustine: Earlier Writings.* Trans. John H. S. Burleigh. Philadelphia: Westminster Press, 1953.

_____. *On Free Will. In Augustine: Earlier Writings.* Trans. John H. S. Burleigh. The Library of Christian Classics: Ichthus Edition. Philadelphia: Westminster Press, 1953.

_____. *Selected Letters.* Trans. James Houston Baxter. The Loeb Classical Library, vol. 239. Cambridge: Harvard University Press, 1953.

_____. *The Soliloquies. In Augustine: Earlier Writings.* Trans. John H. S. Burleigh. Philadelphia: Westminster Press, 1953.

_____. *The Teacher. In Augustine: Earlier Writings.* Trans. John H. S. Burleigh. Philadelphia: Westminster Press, 1953.

_____. *On Music. In The Fathers of the Church,* vol. 2. Trans. Robert Catesby Taliaferro. New York: CIMA Publishing Co., Inc., 1947.

_____. *The Immortality of the Soul. In The Fathers of the Church,* vol. 2. Trans. Ludwig Schopp. New York: Cima Publishing Co., Inc., 1947.

_____. *The Magnitude of the Soul. In The Fathers of the Church,* vol. 2. Trans. John J. McMahon. New York: Cima Publishing Co., Inc., 1947.

_____. *Divine Providence and the Problem of Evil: A Translation of St. Augustine's De Ordine.* Trans. Francis E. Tourscher and Robert P. Russell. New York: Cosmopolitan Science & Art Service Co., 1942.

_____. *Sancti Aurelii Augustini hipponensis episcopi Opera omnia.* Parisiis: Apud Gaume Fratres, 1836-1838.

Bakewell, Charles M. *Source Book in Ancient Philosophy.* New York: Charles Scribner's Sons, 1907.

Balthasar, Hans Urs von. *The Glory of the Lord: A Theological Aesthetics.* Volume II: Studies in Theological Style: Clerical Styles. Trans. A. Louth, F. McDonagh, and B. McNeil. San Francisco: Ignatius Press, 1984.

Bonner, Gerald. *St. Augustine of Hippo: Life and Controversies.* Beccles and

London: Canterbury Press Norwich, 1989.

Brown, Frank Burch. *Good Taste, Bad Taste, and Christian Taste: Aesthetics in Religious Life*. Oxford and New York: Oxford University Press, 2000.

_____. "The Beauty of Hell: Anselm on God's Eternal Design." *Journal of Religion* 73, no. 3, July 1993: 329-356.

_____. *Brown, Peter. Augustine of Hippo*. Berkeley and Los Angeles: University of California Press, 1967.

Burns, J. Patout. "Augustine on the origin and progress of evil." William S. Babcock ed., *The Ethics of St. Augustine*. Atlanta: Scholars Press, 1991, 67-85.

_____. "Variations on a Dualist Theme: Augustine on the Body and the Soul." Jane Kopas ed. *Interpreting Tradition: The Art of Theological Reflection*. California: Scholars Press, 1983, 13-26.

Chapman, Emmanuel. *Saint Augustine's Philosophy of Beauty*. New York and London: Sheed & Ward, 1939.

Davis, Stephen T. ed. *Encountering Evil: Live Options in Theodicy*. New edition. Louisville: Westminster John Knox Press, 2001.

Eco, Umberto. *Art and Beauty in the Middle Ages*. Trans. Hugh Bredin. New Haven: Yale University Press, 1986.

Evans, G. R. *Augustine on Evil*. New York: Cambridge University Press, 1982.

Goodman, Lenn Evan trans. and ed. *Rambam: Readings in the Philosophy of Moses Maimonides*. New York: The Viking Press, 1976.

Griffin, David Ray. *God, Power, and Evil*. Philadelphia: Westminster Press, 1976.

Gunton, Colin. "Creation and Re-creation: An Exploration of Some Themes in Aesthetics and Theology." *Modern Theology* 2:1, 1985.

Harnack, Adolf von. *History of Dogma*. Vol. 5. Trans. James Millar. 1899; reprint ed. New York: Russell & Russell, 1958.

Harrison, Carol. *Beauty and Revelation in the Thought of Saint Augustine*.

Oxford: Clarendon Press, 1992.

Hartshorne, Charles. *Reality as Social Process: Studies in Metaphysics and Religion*. New York: Hafner Publishing Company, 1971.

_____. *The Logic of Perfection and Other Essays in Neoclassical Metaphysics*. La Salle, Illinois: Open Court Publishing Company, 1962.

_____. *Man's Vision of God and the Logic of Theism*. Chicago and New York: Willett, Clark & Company, 1941.

Hick, John. *Evil and the God of Love*. San Francisco: Harper & Row, 1977.

Kelly, Michael. *Encyclopedia of Aesthetics*. 4 vols. New York and Oxford: Oxford University Press, 1998.

Leibniz, G. W. *Theodicy: Essays on the Goodness of God, the Freedom of Man and the Origin of Evil*. Ed. Austin Farrer and trans. E. M. Huggard. Chicago and La Salle, Illinois: Open Court, 1990.

_____. *Philosophical Essays*. Trans. Roger Ariew and Daniel Garber. Indianapolis & Cambridge: Hackett Publishing Company, 1989.

Lovejoy, Arthur O. *The Great Chain of Being: A Study of the History of an Idea*. Cambridge, MA: Harvard University Press, 1936.

Mathewes, Charles T. *Evil and the Augustinian Tradition*. Cambridge, U.K.: Cambridge University Press, 2001.

Miles, Margaret R. *Reading for Life: Beauty, Pluralism, and Responsibility*. New York: Continuum, 1997.

O'Connell, Robert J. *Art and the Christian Intelligence in St. Augustine*. Cambridge, Mass.: Harvard University Press, 1978.

Origen. *On First Principles*. Glouchester, Mass.: Peter Smith, 1973.

Pickstock, Catherine. "Music: Soul, City, and Cosmos after Augustine." J. Milbank, C. Pickstock, G. Ward eds. *Radical Orthodoxy: A New Theology*. London and New York: Routledge, 1999.

Plantinga, Alvin C. *God, Freedom, and Evil*. Grand Rapids, Michigan: Eerdmans, 1977.

Plotinus. *The Enneads*. Trans. Stephen MacKenna. New York: Larson Publications, 1992.

Pope, Alexander. "An Essay on Man." *The Norton Anthology of Poetry*. 3rd ed. New York and London: W. W. Norton & Company, 1970.

Ricoeur, Paul. *The Conflict of Interpretations*. Ed. Don Ihde. Evanston: Northwestern University Press, 1974.

Roche, W. J. "Measure, Number, and Weight in Saint Augustine." The New Scholasticism. vol. 15, no. 4. October 1941.

Schleiermacher, Friedrich. *The Christian faith*. Edinburgh: T & T Clark, 1989.

Sekules, Veronica. *Medieval Art*. Oxford: Oxford University Press, 2001.

Surin, Kenneth. *Theology and the Problem of Evil*. Oxford: Basil Blackwell Inc., 1986.

Tatarkiewicz, Wladyslaw. *History of Aesthetics*. vol. I: Ancient Aesthetics. Ed. J. Harrell. The Hague, Paris: Mouton, 1970.

_____. *History of Aesthetics*. vol. II: Medieval Aesthetics. Trans. R. M. Montgomery and ed. C. Barret. The Hague, Paris: Mouton, 1970.

TeSelle, Eugene. *Augustine the Theologian*. New York: Herder and Herder, 1970.

Whitehead, Alfred North. *Process and Reality*. corrected edition. New York: The Free Press, 1978.

_____. *Science and the Modern World*. New York: The Macmillan Company, 1925.